SDGs × 自治体

実践ガイド ブック

現場で活かせる知識と手法

高木 超 著

学芸出版社

未来の世代も含め、
誰もが安心して暮らせるまち。
それを実現するヒントが
SDGs にはある。

はじめに

■ 日本社会における SDGs の広がり

2015 年 9 月に持続可能な開発目標（Sustainable Development Goals：SDGs[注1]：読み方「エスディージーズ」）が採択されてから、すでに 4 年以上が経過した。その間、SDGs は国際社会のみならず、日本国内においても徐々に広がりを見せている。

実際に、朝日新聞社が東京・神奈川に住む 3000 人（15 〜 69 歳）を対象として 2019 年 8 月に実施した調査の結果、「SDGs という言葉を聞いたことがあるか」という質問に、27% の人が「ある」と答えている。同社が 2017 年 7 月に実施した調査（調査対象 3136 人）では、同様の質問に「ある」と答えた人の割合が 12% だったことからも、急速ではないが、着実に浸透している様子がうかがえる。また、大企業の本社が集まる東京・大手町では、道行くビジネスパーソンの胸元に 17 色の SDGs カラーホイールをかたどったピンバッジが光っており、その着実な広がりを実感することができる。

ただし、SDGs は、「SDGs という言葉を聞いたことがある人を増やす」ことが目的ではなく、「世界を持続可能な状況にする」ことが目的である。そのためのマイルストーンの 1 つとして、SDGs 認知度や、SDGs に対する理解を深め、世界を持続可能な状況にしていくための行動を実行していくことが必要であるという点を忘れてはならない。

自治体の文脈に目を移すと、内閣府に設置された「自治体 SDGs 推進評価・調査検討会（以下、検討会）」では、自治体[注2] における SDGs の認知度を 2019 年 10 月から 11 月にかけて調査しており、回答のあった 1237 自治体のうち「SDGs の存在を知らない」と回答したのは、わずか 0.1%（2 自治体）である。自治体の半数以上が回答した同調査で、ほぼすべての自

治体がSDGsの存在を認識し、そのうち「SDGsに非常に関心がある」もしくは「SDGsに関心がある」と回答した自治体は全体の84%（1044自治体）に達する。また、「SDGs達成に向けて取り組みを推進していますか？」という設問に対し、「すでに推進している」と回答した自治体は19%（241自治体）、「今後推進していく予定がある」もしくは「今後推進を検討していく予定がある」と回答した自治体は65%（814自治体）にのぼる。

■ SDGsの理解度を確認しよう

しかし、自治体職員にとっては、国際社会の共通目標であるSDGsが、どうして自分達の仕事に関わるのかスッキリしないのではないだろうか。

そこで、SDGsに対する自分の状態を「SDGs × 自治体理解度スケール（図表1）」にあてはめて考えてほしい。

まず、「他人ごと段階」は、SDGsという言葉をメディアなどで目にしたことがあるが、文字通り自分や自治体とは関係ないことであると考えている状態である。

「もやもや段階」は、SDGsに対する理解は進んだものの、自治体の政策や担当業務とどのような関連があるか明確に整理できず、もやもやしている状態を指している。

「アンテナ段階」は、日頃からSDGsに関するニュースを探したり、関連するセミナーに参加してみたりと、SDGsを理解するために自ら情報を集めている状態である。

「ひらめき段階」では、SDGsのコンセプトを理解し、自治体の政策や担当業務とどのように関連するか整理することができ、すぐにでも何かしら行動を起こせる状態を指す。

「自分ごと段階」では、自治体の政策や担当業務にSDGsの観点を活用し、持続可能な地域、ひいては持続可能な世界の実現に向けて、具体的な行動を起こしている状態と定義する。

あなたにとって、SDGs はどの段階ですか？

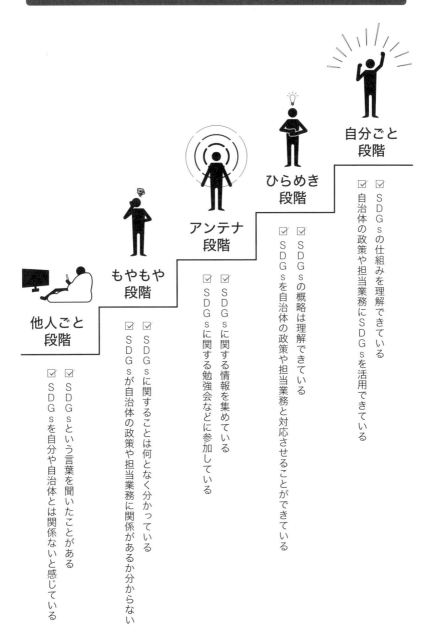

図表 1　SDGs × 自治体理解度スケールの各段階

この「SDGs 理解度スケール」は、筆者が SDGs に関する講演等をする際に、参加者が SDGs と向き合う中で、どのような点に戸惑いを感じているかを把握するために用いているものである。実際には、半数を超える参加者が「もやもや段階」もしくは「アンテナ段階」の状況に置かれており、ひらめき段階に進む活路を探し求めている印象がある。本書を手に取ってくれた読者のみなさんが、本書を通じて「自分ごと段階」に到達し、SDGsを自治体で活用してもらえたら幸いである。

■ 本書の構成

　序章では、自治体職員としておさえておきたい SDGs の基礎知識について説明している。SDGs についてほとんど知らない読者は、本書を読み進めるための前提として、気軽な気持ちで序章に目を通してほしい。

　その後、自治体で SDGs を活用していく過程を 4 つのステップに分割し、各ステップの主旨に適った具体的なワークショップと自治体等での実践事例を交えて紹介する。本書で紹介するワークショップを用いて、庁内でのSDGs の活用につなげてほしい。

　終章では、一足先に SDGs 未来都市などで実践モデルを生み出している国内の自治体を紹介しながら、自治体で SDGs をより深く実践していくためのヒントを提供したい。

　SDGs の達成に向けて自治体が取り組む際には、眉間にしわを寄せて会議を行うよりも、幅広いステークホルダーを交えて、自由な発想を出し合う方が効果的である。そのために、本書が「はじめの一歩」の役割を果たすことができるならば、望外の喜びである。

高木 超

注

1. 英語圏では、SDGsが「グローバル・ゴールズ（Global Goals）」という表現で表されることも多い。
2. 法令では「地方公共団体」と呼ばれるが、本書では「自治体」を使用する。

参考文献

1. 朝日新聞社「SDGs 認知度調査 第5回報告」
   https://miraimedia.asahi.com/sdgs_survey05/（最終アクセス日：2019年12月27日）
2. 朝日新聞社「SDGs の認知度調査報告」
   https://miraimedia.asahi.com/awareness_survey/（最終アクセス日：2020年1月6日）
3. 内閣府、自治体 SDGs 推進評価・調査検討会
   「令和元年度 SDGs に関する全国アンケート調査結果」
   https://www.kantei.go.jp/jp/singi/tiiki/kankyo/kaigi/dai20/sdgs_hyoka20_shiryo6-1.pdf
   （最終アクセス日：2020年1月15日）

目 次

STEP 2 – SCENE 2

バックキャスティングのアプローチで
目標を設定する

STEP 3

アウトサイド・インの視点で
SDGs を自治体戦略に統合する

 STEP 4

ロジック・モデルを用いて
取り組みを評価・共有する

終 章

「SDGs ×自治体」をより深く実践するために ・・・・ 151

序　章

SDGs と自治体

SDGs が目指すもの

　2015 年以降、「本市は SDGs を推進しています」、「わが県は SDGs の理念を反映した県政を進めていきます」というように、全国各地の自治体が次々に宣言し、SDGs が行政の新たなキーワードになりつつある。

　SDGs（Sustainable Development Goals）とは、2015 年に国連で採択された世界共通の目標であり、日本語では「持続可能な開発目標」と翻訳される。SDGs の目標は 17 あり、達成期限は 2030 年。その達成に向けたプロセスには、都道府県や市町村が参加することも求められている。

　SDGs と言われても、横文字の、なんだか複雑なものと捉えられてしまうかもしれないが、実際には行政の日常業務や、自分たちが暮らしている地域と深くつながっていることなので、肩の力を抜いて読み進めてほしい。SDGs は、いわば「自分たちが暮らす地域を、将来にわたって持続可能にする」ための目標なのだ。

　はじめにお伝えしておくと、この SDGs は、いわゆる「スーパー公務員」と周りから呼ばれる職員が一手に担うものではなく、自治体で働くすべての職員の協力が必要である。そう、この本を手に取ってくれた「あなた」の力が必要なのだ。

　本書を手にしたみなさんは、この絵画（図表 1）のようなものを目にしたことはあるだろうか。

　「知ってるよ、SDGs のアイコンでしょ」と、心の中で呟いたあなた。それでは、この SDGs のアイコンが何を表現しているか考えたことはあるだろうか。

　もし考えたことがなければ、じーっと見つめて、英語の文章をひとつひとつ日本語に直訳しながら、正方形のアイコンに描かれたイラストが何を表現しているか、考えてほしい。

図表1　SDGsのロゴを2030年の未来計画図と考える（出典：国連広報センター）

　まず、左上の1と数字が書かれた正方形には「NO POVERTY」と書いてある。直訳すれば、「貧困がない」。2つ目の「ZERO HUNGER」は「飢餓がゼロ」。3つ目の「GOOD HEALTH AND WELL-BEING」は「健康と福祉」。4つ目の「QUALITY EDUCATION」は「質の高い教育」。こうして、1から17までの番号が振られたアイコンすべてを直訳してつなぎ合わせると、2030年時点での世界の「未来計画図」が浮かび上がってくる。

　「うーん、難しいなぁ」と感じたら、直訳の後に「〜な状態」という言葉を加えてみてはどうだろう。

　「NO POVERTY」だったら「貧困がない（状態）」。「ZERO HUNGER」は、「飢餓がゼロ（の状態）」。「GOOD HEARTH AND WELL-BEING」は、「健康と福祉（が満たされた状態）」。「QUALITY EDUCATION」は、「質の高い教育（が提供されている状態）」という風に、すべてのアイコンに書かれていることを「未来の状態」として捉える。それがこのアイコンが17個集まったロゴマークの意味を紐解くコツだ。

試しに、1から8までのアイコンを使って未来計画図を文章にしてみると、「2030年12月31日、すべての人が、貧困や飢餓に苦しむことなく、安全な水や環境負荷の小さい電力を使いながら健康に暮らし、性別に左右されることなく、教育や働き甲斐のある仕事を得る機会がある。そして…」という世界の状態。これが、SDGsのアイコン（図表1）が表現している未来である。

　こうした視点で、自分が暮らすまちを念頭に置きながら、改めてSDGsのアイコンを眺めてほしい。あと10年足らずで、この未来予想図にあるまちを実現できるか、その距離感をつかむことが始まりの合図である。

SDGs の基礎知識

　まずは、すでにご存知の方も多いかもしれないが、SDGsの基礎となる知識について整理しよう。

■世界中が共通して取り組む目標である

　SDGsは、17のゴールから構成されており、その達成期限は2030年に設定されている。図表1にある17のアイコンが示しているように、ゴールの中には、地球温暖化や海面上昇といった気候変動への対策（ゴール13）や、ジェンダー平等（ゴール5）など、かねてから日本国内で早急な解決を要すると考えられてきた分野も含まれており、私たちの身近な課題もSDGsには反映されている。例えるなら、日本を含め、世界中に散在している膨大な課題を、17の切り口から捉えられるように整理した「収納ツール」のような存在がSDGsである。

　とはいえ、多くの自治体は、すでに基本構想、基本計画、実施計画から構成される総合計画を独自に策定し、目指すべき姿を設定している。そのため、SDGsが設定する17の目標に自治体の既存の目標を合わせていくの

か、それとも、自治体の目標に沿う SDGs の目標だけを恣意的に取り出して対応させるのかという議論も起こっている。

　だが、このような議論は本質的ではない。SDGs は、そもそも 2030 年に世界中のすべての地域が最低限達成していなければならないマイルストーンだからだ。例えば、あなたの手元に 1 日に使えるお金が 100 円しかなく、満足に食事もできない状態で苦しんでいたら、あなたは我慢できるだろうか。あなたの大切な家族が、大気汚染によって健康が害されている場合、あなたは、自分の家族が暮らすまちの状況を解決しないという選択肢を選ぶだろうか。

　SDGs が目指していることは、一見すると「当たり前」に感じるものも多い。しかし、本当に自分たちの日常が将来まで続く「当たり前」か、改めて考えるきっかけになるだろう。

■達成期限は 2030 年である

　SDGs は、2016 年から 2030 年までの 15 年間を対象としている。後述する MDGs（ミレニアム開発目標）という SDGs の前身にあたる開発目標が、2001 年から 2015 年の 15 年間を対象としており、SDGs も同様に 15 年間を対象期間としている。

　SDGs は、2015 年 9 月に開催された国連サミットで、国連加盟国の全会一致で採択された 2030 年の世界を変える目標である。

■ 17 のゴール、169 のターゲット、232 の指標から構成されている

　SDGs は 17 のゴールと 169 のターゲット、そして 232（重複を除く）の指標から構成されている。ターゲットには、ゴールの達成に向けて焦点を当てる分野や、その方向性が示されているものの、あくまで世界共通の包括的な要素にとどまる。実際に SDGs を運用していくためには、ステークホルダーが対象地域の状況を勘案しながら、ゴールの達成に何が必要か自

分たちで考え、行動することが必要だ。例えるなら、新たに整備された広大な土地の中で、ゴールとなる場所に辿り着くまでの地図を描きながら、ゴールに至るまでの手段や作戦を自分たちで考える作業は、自分たちでやらねばならないのだ。

　SDGsのゴール自体は、「貧困」（ゴール**1**）や「飢餓」（ゴール**2**）、「気候変動への対策」（ゴール**13**）といった世界が直面する様々な問題を解決しなければならない課題に落とし込み、17種類に分類したものである。つまり、この17ある課題を達成することが持続可能な世界を実現するために最低限必要な要素であるということだ。

　次に、各ゴールには、それぞれ複数のターゲットが設定されており、ゴールまでの途上で達成すべき中間目標となる段階や焦点を当てる分野、その方向性が具体的に記述されている。そして、このターゲットの達成に向けたアクションを含む政策の効果や、進捗を把握するために役立つデータとして、それぞれのターゲットに指標が設定されている。

　例えば、SDGsの「貧困がない（状態）」（ゴール**1**）というゴールについていえば、「2030年までに、現在1日1.25ドル未満で生活する人々と定義されている極度の貧困[注1]をあらゆる場所で終わらせる」（ターゲット **1.1**）[注2]など7つのターゲットが設定されている。このターゲットの達成に向けた政策を改善していくために役立つデータとして「国際的な貧困ラインを下回って生活している人口の割合（性別、年齢、雇用形態、地理的ロケーション（都市／地方）別）（指標1.1.1）」のような指標が採用されている。これはすなわち、1日1.25ドル未満で生活する人々について、性別や年齢、雇用形態、地理的要因などに応じて詳細に整理することで、貧困の原因が性別によるものなのか（男女の賃金格差）、年齢によるものなのか（児童労働等）、雇用形態によるものなのか（産業構造）、生活する地域によるものなのか（賃金の地域格差）分析することができる。要因が明らかになれば、課題の解決に向けた方策も実効性が高まり、より質の高い政策を導き出す

ことができる。

　SDGsの指標は、進捗や達成度を測る「モニタリング」、指標に従って導き出された数値と本来の目標数値の差分（ギャップ）などから得た情報を作戦の改善に役立てる「評価（Evaluation）」という二つの役割を兼ね備えている。国連のような国際機関で一般化しつつある「モニタリングと評価（Monitoring & Evaluation）」という考え方に基づいたものだ。

　一方、日本国内では「評価」という言葉の意味が、内容が正しいか確認する「監査」と混同されてしまうことも多い。そのため自治体職員が、この指標に基づいて設定された数値を単に「進捗管理のための目標数値」と解釈してしまうと、本来は現状を正確に把握し、政策や施策を改善するために必要な手段であるはずの「指標として設定された数値を調べること」自体が目的化してしまう。結果として、職員が「何のために数値を計測しているか意味を見出せない」といった、いわゆる「評価疲れ」に陥ってしまうことが予期されるので注意を払いたい。

　このように属性や特徴に基づいて細分化されたデータの重要性は、国連本部で行われるSDGsに関連した会議でも頻繁に耳にするキーワードのひとつになっている。

SDGsの特徴を表す5つのキーワード

　ここからは一歩踏み込んで、SDGsの特徴を、日本政府が紹介している5つのキーワードを使って説明する。

■ 1. 普遍性

　まず、普遍性については、193ある国連加盟国すべてが取り組む世界共通の目標であるという点だ。SDGsのように、世界の共通した広範な目標が大々的に掲げられ、国際社会が連帯して解決に取り組もうとする動きは、

他に類を見ない。

　SDGsの前身に位置づけられるミレニアム開発目標（MDGs）は、乳幼児の死亡率削減や、妊産婦の健康改善といった開発途上国を主な対象とした開発目標だった。そのため、日本や米国をはじめとした先進国の人々が具体的にアクションを起こすというような動きは限定的だった。

　しかし、グローバル化が進んだ現代では、貧困問題も開発途上国の中だけで発生するのではない。先進国で着用される衣服の製造過程で、児童労働が発生し、教育を受ける機会が限定され、ひいては貧困につながるというように、先進国の日常生活も開発途上国の貧困問題と関係していることが指摘されている。こうした構造を理解することが、先進国と開発途上国の問題をつなぐ鍵となる。

■ 2. 包摂性

　自治体がSDGsに取り組む際に、「SDGsの理念を反映する」という表現を目にすることがあるが、このSDGsの理念は「誰一人取り残さない（No one will be left behind）」という決意を指している。

　SDGsの理念を日本国内の自治体に置き換えた場合は、相対的貧困率の高い「ひとり親家庭」や、何らかの障がいを抱える人々など、社会的に不利な状況に置かれた人々を包み込んだ地域社会の構築をイメージすることができるだろう。この感覚はグローバル・レベルでも同様で、誰もが平等にアクセスできるような状態することを目指している。例えば、**ゴール4**は「全ての人に包摂的かつ公正な質の高い教育を確保し、生涯学習の機会を促進する」、**ゴール8**は「包摂的かつ持続可能な経済成長および全ての人々の完全かつ生産的な雇用と働きがいのある人間らしい雇用を促進する」といったように、「包摂的」を意味する「Inclusive」という表現が、いくつものゴールに記述されている。

■ 3. 参画型

　すべての利害関係者（ステークホルダー）が、SDGs の達成に際して何かしらの役割を担うということが、参画型の意味するところである。

　私たちの身近にあるレジ袋やペットボトルに関係するプラスチックの問題を例にすれば、ゴール**14**のターゲットに記載された海洋汚染の原因となるレジ袋を抑制するために、政府や行政機関は「法制度の整備」で抑制を試みる。企業や個人商店も「配布するレジ袋を紙袋に移行する」などの対策を取る。そして、消費者も「マイバックを持参する」といった方法で課題解決に向けたアクションを起こすことができる。

　このように、多様な主体が、共通した目標である SDGs の達成を目指し、それぞれにできるアクションで参画できることは重要な特徴である。裏を返せば、参画しない主体が存在する場合、SDGs の達成は遅れてしまう。

■ 4. 統合性

　次に、2030 アジェンダの前文、および宣言に書いてあるように「経済・社会・環境」の三側面を調和させ、統合的に達成することが重要だ。

　この三側面をスウェーデンの環境学者であるヨハン・ロックストローム氏らは三段ケーキをモチーフに整理した「SDGs ウェディングケーキ」と呼ばれるモデル（図表 2）で説明している。

　土台となる部分は「清潔な水と衛生状況」（ゴール**6**）といった 4 つのゴールが示す生物多様性を基礎とした環境・生物多様性（BIOSPHERE）の側面が担う。二段目は、「ジェンダー平等」（ゴール**5**）といった 7 つのゴールが示す社会（SOCIETY）の側面が続く。最上段には、「働きがいのある仕事と経済成長」（ゴール**8**）といった 4 つのゴールが示す経済（ECONOMY）の側面が位置しており、これら三段の階層を、中央から「パートナーシップ」（ゴール**17**）が上下双方向に貫いていることが分かる。

　最も上に位置する「経済」を持続させるためには、法制備による公正な

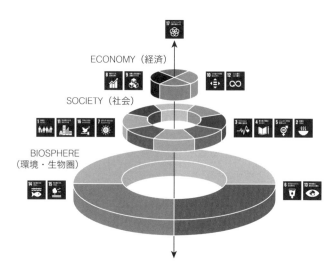

図表 2　SDGs ウェディングケーキ（出典：Stockholm Resilience Centre 資料を参考に筆者作成）

「社会」が実現されていることや、人々が健康的な生活を送っていることなど、「社会」が持続可能であることが前提だ。同様に、こうした持続可能な「社会」は、誰もが安心して飲める水にアクセスすることができ、海洋資源や陸上資源が充実した「環境」があるからこそ成り立っている。そして、こうした三側面を統合的に満たすために幅広い分野をつなぐパートナーシップが必要となるということを、この図は示している。

　自治体で言えば、各課の個別事業、各課の施策、部局単位の政策、自治体全体の政策といった規模の異なるいずれかの階層で、経済・社会・環境の三側面のバランスを取りながら、統合的に自治体経営を行うことが求められるのである。とはいえ、「言うは易く行うは難し」とはこのことで、個別の課だけで三側面を満たすことは容易ではない。縦割り構造の各省庁から交付される補助金や、法定受託事務に基づいて構築された組織デザインの変革も、自治体が取り組まなければならない課題の 1 つだろう。

■ 5. 透明性

　SDGsで設定されている232の指標（重複を除く）は、事業の進捗や成果を測り、取り組みの透明性を高める意味を持っている。

　例えば、SDGsの**ゴール❶**「NO POVERTY（貧困がない状態）」を達成すべく設定されたターゲットの中に、「各国において最低限の基準を含む適切な社会保護制度および対策を実施し、2030年までに貧困層および脆弱層に対し十分な保護を達成する」という**ターゲット** `1.3` がある。この達成度を測るために「社会保障制度によって保護されている人口の割合（性別、子供、失業者、年配者、障害者、妊婦、新生児、労務災害被害者、貧困層、脆弱層別）（1.3.1）」という指標が設定されている。日本のSDGsのグローバル指標は、総務省が管轄しており、そのデータは外務省のウェブサイト上「JAPAN SDGs Action Platform」[注3]で公開されている。このように、指標のデータを公開することはSDGsの透明性を担保する重要な役割がある。

　また、毎年ニューヨークの国連本部で開催され、国際的なSDGsの進捗を確認する場として重要な位置を占めるハイレベル政治フォーラム（HLPF）では、自発的国家レビュー（VNR）と呼ばれる機会も注目されている。VNRは、ハイレベル政治フォーラムの会期中に、自国の2030アジェンダに関する取り組みをそれぞれの国が発表し、レビューされる機会で、非常に注目度の高いイベントだ。

　2017年には、岸田文雄外務大臣（当時）が、日本の取り組みについて発表を行っている。岸田大臣の発表中には、SDGs実施のための基盤整備として、政府内に「SDGs推進本部」を設置し、様々なステークホルダーの代表により構成される「SDGs推進円卓会議」等における意見交換を経て、「SDGs実施指針」を作成したことが報告されている。ほかにも、世界的な流行を見せていたキャラクター、ピコ太郎の「PPAP」と紐づけ、SDGs達成に向けた官民連携を「PPAP：Public Private Action for Partnership」と表現し、世界に日本の取り組みをアピールしている。

SDGs 推進本部と SDGs 推進円卓会議

　SDGs に対して、日本政府はどのように取り組んでいるのだろうか。時系列で説明すると、2016 年 5 月、内閣総理大臣を本部長、すべての国務大臣を構成員とする「持続可能な開発目標（SDGs）推進本部」が閣議決定によって設置され、第 1 回会合が開催されている。この SDGs 推進本部は、日本政府の SDGs 達成に向けた取り組みの実施、モニタリングおよび見直しを行う司令塔として機能するものとされている^(注4)。さ

SDGs 実施指針

● ビジョン：持続可能で強靭，そして誰一人取り残さない、
　　　　　　経済、社会、環境の統合的向上が実現された未来への先駆者を目指す。

● 実施原則：①普遍性、②包摂性、③参画型、④統合性、⑤透明性と説明責任

8 つの優先課題 −

- あらゆる人々の活躍の促進
- 健康・長寿の達成
- 成長市場の創出地域活性化、科学技術イノベーション
- 持続可能で強靭な国土と質の高いインフラの整備
- 省・再生可能エネルギー、気候変動対策、循環型社会
- 生物多様性、森林、海洋等の環境の保全
- 平和と安全・安心社会の実現
- SDGs 実施推進の体制と手段

図表 3　持続可能な開発目標（SDGs）実施方針の概要

らに、行政、市民社会、学術研究者、国際機関、民間企業など幅広いセクターの有識者が集う「持続可能な開発目標（SDGs）推進円卓会議」が設置され、同年9月に第1回会合が開催されている。

　これらの会合における議論を経て、同年12月にSDGs推進本部は「持続可能な開発目標（SDGs）実施指針」を決定した。この指針は、日本が2030アジェンダの実施に取り組むための国家戦略として位置づけられている。同指針では、「持続可能で強靭、そして誰一人取り残さない、経済、社会、環境の統合的向上が実現された未来への先駆者を目指す」というビジョンを定め、普遍性、包摂性、参画型、統合性、透明性といった5つの主要原則と、17のゴールを日本の文脈に即して再構成した「8つの優先課題と具体的施策」を発表している。

　2019年9月には、SDGs実施指針の改定（2019年12月改定）に向け、SDGs推進円卓会議の有志が発起人となり、参加型のワークショップを通じて、広く国民の意見を募る「SDGs実施指針改定に向けたステークホルダー会議」を開催している。東京・国連大学に集まった200人の参加者は、この会議において実施指針の改定に向けた提言をまとめ、政府に提出している。このように、国民の意見を広く反映できる点が、パートナーシップの重要性を謳うSDGsの特徴だ。

なぜ自治体が SDGs に取り組むのか

　こうした特徴を持つグローバルな目標の集合体である SDGs に、なぜ日本の自治体が取り組まなければならないのだろうか。

　国際目標なら中央政府の仕事だろうと見誤ってはならない。いまや自治体も無関係ではなくなっている。というのも、2018 年夏にニューヨーク市や北海道下川町をはじめとした都市が、それぞれの都市における SDGs の達成に向けた取り組みを報告書にまとめ、自発的都市レビュー（VLR）と題して発表している。この VLR は広がりを見せ、南米のブエノスアイレス市（アルゼンチン）や、欧州のブリストル市（イギリス）といった都市も、この動きに呼応している。

　とはいえ、SDGs に取り組むということは、多くの場合で、これまで維持してきた既存の社会構造を変革する必要が生じ、少なからず困難を伴う。「国連が定めた目標だから」「政府が SDGs を推進しているから」といった消極的なものではない、SDGs に自治体が取り組むべき理由。それは、SDGs を活用することで、これまで自治体が抱えていた課題を顕在化させ、その解決に向けて、時流を捉えた新たな視座を与えてくれることが挙げられる。

　残念ながら、SDGs は何でも叶えてくれる「魔法の杖」ではないし、その達成を政策の中で掲げさえすれば既存の課題解決が一挙に進むというものでもない。しかし、SDGs を活用することによって「このような自治体にしたい」という未来の自治体像を描くためのヒントや、鍵となる示唆を得ることができる。

■ 多様な視点を織り込んだ政策・施策につなげる
　例えば、SDGs が登場する以前から議論されてきたジェンダー平等の問

題は、顕著な例として挙げられる。2019年12月に世界経済フォーラム（WEF）が公表した「ジェンダー・ギャップ指数2019」で日本は世界153カ国のうち、121位だった。この要因は私たちの身近にもある。例えば日本では、何らかの意思決定が行われる際、規模に関わらず女性が関与する機会が圧倒的に少ない。2018年末時点で、全国の市区町村長1740人のうち女性は31人である。また、都道府県知事47人のうち、女性の知事は2019年6月時点で、小池百合子東京都知事と吉村美栄子山形県知事の2人しかいない。また、2018年12月時点では、都道府県議会における女性議員の比率は全国平均で10％に過ぎず、女性議員が1人もいない市区町村議会の比率は19.5％である[注5]。

　こうした状況は、女性にとって暮らしやすい社会を実現するための「女性の視点」が圧倒的に少ないことを示唆している。東日本大震災の際に、自治体の防災備蓄品に生理用品がなくて困ったという声が被災者から寄せられた事例のように、女性の意思決定への参加によって、政策や施策の質を向上させ、住民の生活の質が向上する余地は大いにある。

　このように、女性に限らず、障がいを抱える住民や若者、性的少数者（LGBTQ）、外国籍住民といった多様な住民の意思決定への参加を保証し、社会的に包摂していくことは、「暮らしやすさ」や「まちの活力」といった自治体としての価値を高めることにもつながるのだ。

■領域・専門分野を超えて課題解決に取り組む

　さらに、少子高齢化や防災といった、それぞれの地域が抱える課題への対応を考える際に、SDGsの特徴である経済・社会・環境の3側面を統合的に捉えた政策を策定・実施していくことで、異なる分野の課題を解決するような相乗効果を生み出し、政策全体を最適化し、課題解決に向かう可能性も高まる（遠藤2019）。

　そのほかにも、SDGsの達成期限である2030年の状態を達成するために、

2030 年から逆算して現在の戦略を考える「バック・キャスティング（Back casting）」と呼ばれる特徴的なアプローチで政策を考えると、課題の解決には複数の部署をまたぐ方が効率的かつ効果的であることが明らかになったり、選択すべき手段が明確になったりする。

　こうした SDGs の特徴を前向きに捉え、SDGs を通じて各課が連携を密にすることで、従来から課題と言われてきた縦割り行政を打破し、相乗効果を得ながら課題に対応する行政組織の在り方を模索することもできるだろう。

　このように、様々な特徴を持つ SDGs の活用に目を向ければ、自治体が SDGs に取り組むメリットがどんどん立体的に浮かび上がってくる。それでは、実際に SDGs を自治体で活用していくには、どのように進めていけば良いのだろうか。次章からは、自治体が SDGs を活用するための具体的な手順について、実例も含めながら紹介する。

注

1. 極度の貧困と呼ばれる国際貧困ラインは、SDGs 採択当時の 1.25 ドルから、2015 年 10 月に 1.9 ドルに改定されている（世界銀行 2015）。
2. 本書における SDGs のターゲット、指標の日本語訳は、総務省政策統括官（統計基準担当）によって公開されている仮訳（総務省 2019 年 8 月版）を引用している。
3. 外務省のウェブサイト「JAPAN SDGs Action Platform」
   https://www.mofa.go.jp/mofaj/gaiko/oda/sdgs/statistics/index.html
   （最終アクセス日：2019 年 12 月 20 日）
4. 文部科学省「特集　SDGs（持続可能な開発目標）と科学技術イノベーションの推進」『平成 30 年版科学技術白書』
   https://www.mext.go.jp/b_menu/hakusho/html/hpaa201801/detail/1418488.htm
   （最終アクセス日：2020 年 2 月 4 日）
5. 内閣府「『女性の政治参画マップ 2019』カラー版（令和元年 10 月作成）」
   http://www.gender.go.jp/policy/mieruka/pdf/map_josei_2019_color.pdf
   （最終アクセス日：2020 年 2 月 10 日）

参考文献

1. 外務省（2016）「第 1 章 MDGs の成果と課題」『2015 年度版 開発協力白書』pp.2-20
2. 外務省（2017）「特集 持続可能な開発のための 2030 アジェンダ〜持続可能な開発目標はなぜ 17 個あるのか〜」『外交青書 2016』pp.168
3. 外務省（2015）「MDGs の成果と課題」『2015 年度版 開発協力白書』pp.2-9
4. 環境省（2015）「第 1 章 国際的な枠組みの進展」『平成 27 年版環境白書・循環型社会白書・生物多様性白書』pp.68-78
5. 総務省「持続可能な開発目標（SDGs）」
   http://www.soumu.go.jp/toukei_toukatsu/index/kokusai/02toukatsu01_04000212.html
   （最終アクセス日：2019 年 5 月 3 日）
6. 内閣府「まち・ひと・しごと創生基本方針 2018」
   https://www.kantei.go.jp/jp/singi/sousei/info/pdf/h30-06-15-kihonhousin2018hontai.pdf
   （最終アクセス日：2019 年 5 月 3 日）
7. 内閣府「SDGs 未来都市・自治体 SDGs モデル事業」募集リーフレット
   https://www.kantei.go.jp/jp/singi/tiiki/kankyo/teian/2019sdgs_pdf/2019leaflet.pdf
   （最終アクセス日：2019 年 5 月 6 日）
8. 世界銀行「国際貧困ライン、1 日 1.25 ドルから 1 日 1.90 ドルに改定」
   http://www.worldbank.org/ja/country/japan/brief/poverty-line
   （最終アクセス日：2019 年 5 月 3 日）
9. 国連環境計画 "Single-use plastics: A roadmap for sustainability"
   https://wedocs.unep.org/bitstream/handle/20.500.11822/25496/singleUsePlastic_sustainability.pdf?sequence=1?isAllowed=y（最終アクセス日：2019 年 5 月 4 日）
10. 国連広報センター「持続可能な開発」
    https://www.unic.or.jp/activities/economic_social_development/sustainable_development/
    （最終アクセス日：2019 年 5 月 6 日）
11. 遠藤健太郎（2019）「地方創生に活かす SDGs 経済・環境・社会を統合したアプローチを」『SDGs 経営 Vol.1』pp.44-45

12. 蟹江憲史（2017）『持続可能な開発目標とは何か〜 2030 年に向けた変革のアジェンダ』ミネルヴァ書房
13. 高木超（2018）「SDGs が自治体にもたらす好機」『国際開発ジャーナル』2018 年 3 月号、pp.58-59
14. 根本かおる（2017）「SDGs が目指す将来像」『環境会議』2017 年秋号、pp.28-13
15. Stockholm Resilience Centre "How food connects all the SDGs" https://www.stockholmresilience.org/research/research-news/2016-06-14-how-food-connects-all-the-sdgs.html（最終アクセス日：2020 年 1 月 31 日）

STEP 1

体験型ゲームで
SDGs について理解する

学ぶのではなく、体感しよう

■ SDGs のメガネをかけてみよう！

　本書では、読者のみなさんに「SDGs のメガネをかけてもらうこと」を目標の1つに掲げる。もちろん、決して17色のカラフルなデザインのメガネをかけてほしいというわけではない。SDGs の視点から、日常の景色や物事を捉え直してほしいのだ。

　例えば、「すずきたろうさんじゅうきゅうさい」という平仮名の文字列を読んで、「鈴木太郎 39 歳」と思う人もいれば、「鈴木太郎さん 19 歳」と思う人もいるだろう。全く同じ文章でも、読み手によって意味が変わる。このように私たちは、目にしたもの、耳で聞いたもの、手で触れたものなど、五感で感じたものに対して、無意識のうちに自分の価値観を加えて「解釈」しているのだ。

　そこで、読者のみなさんには、本書をきっかけに SDGs という新しい17の切り口を活用して、ご自身の日常生活から自治体の政策・施策に至るま

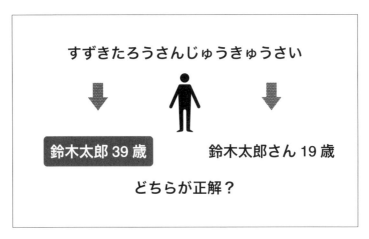

図表 1　モノゴトの解釈は受け手の価値観等によって異なる

図表 2　STEP 1 の目標

で、改めて解釈し直してほしい。そのためには、SDGs に詳しい講師を招き、講話形式の職員研修を開催して満足してしまっては意味がない。やはり、実際に研修を受講する職員自身が、何らかの方法で SDGs を体感しなければ、「SDGs のメガネ」をかけた職員を増やすことは難しいだろう。そこで、本章ではカードゲームを用いた導入事例を紹介する。

■ カードゲームで SDGs の世界観を体感する

　ある日の朝、あなたは課長に声をかけられ、「何年か前に国連で採択された SDGs とやらを、本市でも進めていくらしい。うちの課で何ができるか考えてみてくれないか？」という指示を受けた。さて、あなたはこのミッションをどのように進めていくだろうか。

　まず思いつくのはインターネットで情報を検索することだろう。検索結果には、外務省や国連のウェブサイトが出てくるはずだ。そこから、「SDGs という 2030 年までに世界が達成すべき 17 の目標があり、国内でも SDGs 未来都市が 60 都市選ばれている」という程度の情報はすぐに確認し

て整理できるだろう。

　しかし、それだけでは「国連が定めた目標があるからウチの市もやらないといけないみたいです。しかも、どうやら隣の市も取り組みを始めているらしいですよ」くらいの報告までしか辿り着かない。それでは同僚に「自分たちの市もSDGsの達成に向けて取り組まなければ、将来が危ういぞ」と危機感や必要性を感じてもらうにはどうすればよいだろうか。また、実際に自分たちの課とSDGsにどのようなつながりがあるかを、おぼろげながらも明らかにするにはどうすればよいだろうか。

　自治体職員にとって、SDGsのような怪しげな横文字の羅列は、ただでさえ忙しい通常業務を圧迫して、さらに仕事を増やす「上から降って来た余計な仕事」と捉えられかねない。そのような時に、肩ひじを張らずに、SDGsの達成に向けて自分たちが取り組む意義を体感できる機会があれば、講義形式で理屈を頭に入れてもらうよりもはるかに分かりやすく、体験するがゆえに、自分ごとになりやすい。

　そこで、本章では、「2030 SDGs」と「SDGs de 地方創生」の2つを紹介する。SDGsが採択されてから4年が経過し、筆者が知る限りでも、様々なゲームが登場している。海外も含めれば、すごろくのようなボードゲームもあるが、日本では圧倒的にカードゲームが多い。恐らくその手ごろさや、大人数でも実施できる点が人気の理由だろう。

　日ごろから座学の講演形式に慣れている行政組織の研修で、一見すると遊びに映りかねないカードゲームを行うのは敷居が高く、人事課への説明にも苦慮するかもしれないが、そんな時にこそ「SDGsというのは体験してみないと理解できないのだと、この本に書いてあります！」と、うまく本書を使って説明して頂ければ本望である。

ゲーム

「2030 SDGs」で世界規模の状況をつかもう

　はじめに紹介するのは、「2030 SDGs」カードゲームだ。このゲームは
2016年に最初の公開ワークショップが開催されて以降、日本全国に急速な
広がりを見せている。最近では、ニューヨークの国連本部でもカードゲー
ムを用いたワークショップが開催されており、国際的にも関心が寄せられ
ている。

　このゲームの製作者である一般社団法人イマココラボのウェブサイトに
よると、このゲームは「SDGsの目標を1つ1つ細かく勉強するためのも
のではなく、なぜSDGsが私たちの世界に必要なのか、そしてそれがある
ことによってどんな変化や可能性があるのかを体験的に理解するためのも
の」である。そのため、SDGsのことを全く知らない人も気軽に参加できる
点も大きな魅力だ。それでは、このゲームの概要を説明しよう。

図表3　2030 SDGs
(出典：株式会社プロジェクトデザイン ウェブサイト)

- 「経済（青）・環境（緑）・社会（黄）」の3種類の状況メーターがプレイヤーに共有され、まちの状況は可視化されている（図表4）

図表4　経済・環境・社会の三側面の状況を磁石の数で可視化した「世界の状況メーター」で明示することで、参加者は共通の土台をもとに議論することができる
（提供：竹田法信さん）

- それぞれの参加者には、それぞれに「1200G 以上の富を、ゲーム終了時に保持している」といった目指すべき個人のゴールが設定されている（図表5）

図表5　ゴール条件を定めたカード（出典：一般社団法人イマココラボ ウェブサイト）

- 「カードゲーム（約1.5時間）」と「カードゲームの振り返り等（約1時間）」の2部構成に、ファシリテーターによっては、ビジネス界の事例などについての講義（約1時間）が行われることもある。
- ワークショップの人数は、最小5人、最大で50人程度
※ファシリテーターが複数のカードキットを用いることで、100人以上でも実施可能

カードの種類

 お金

プロジェクトの実行に必要で、単位は「G」

時間カード

プロジェクトの実行に必要

P プロジェクトカード

プロジェクトの内容や、その実行に必要なお金、時間等が書かれている。例えば「交通インフラの整備」のカード（図表6）では、500G のお金と3枚の時間カードを使ってプロジェクトを実行できる。ただし、「必要な世界の状況メーター」として青が3以上と書かれている。これは、状況メーターの「経済」の項目が3以上でなければ実行できないということだ。そして、このプロジェクトを実行すると、「もらえるモノ」にあるように、お金が1000G、時間カードが1枚、青のプロジェクトカード、そして青の意思カードを得ることができる。そして、このプロジェクトを実施した結果として、青（経済）のメーターが1つ増加し、緑（環境）のメーターが1つ減少する

図表6　プロジェクト「交通インフラの整備」の
条件を示すカード
(出典：一般社団法人イマココラボ ウェブサイト)

ゲームの大まかな流れ

①与えられた「お金」と「時間」のカードを消費して、プロジェクト活動を行うことで、「悠々自適な生活を手に入れる」や「豊かな富を手に入れる」といった人生のゴールの達成を目指す

②プロジェクトを実施する際には、参加者は事務局と呼ばれる進行役のテーブルに「お金」と「時間」、そして「意思」のカードを持参し、引き換えにお金や新たなプロジェクトを得る

③プロジェクトを実行することで、設定された数だけ、状況メーターを増減させることができる（プレイヤーは、プロジェクトを実行するまで、状況メーターをどの程度増減させられるか知らない）

④こうして、変化する「世界の状況」の中で、個人がそれぞれの目標を達成することを目指す

図表 7　自治体職員を対象に開催されたカードゲームの様子

■ 周囲とのコミュニケーションを通じて理解を深める

　筆者も、2018 年 5 月に同ゲームの公認ファシリテーター^(注1)である黒井理恵さん(株式会社 DKdo 取締役)を迎えて、神奈川県自治政策経営研究会 (通称：K33 ネットワーク) の定例学習会で、カードゲーム「2030 SDGs」と自分の講演を組み合わせて実施した経験がある (図表 7)。その際、ゲームに対して、参加者から「SDGs と聞いて、環境問題だけに取り組むイメージがあったが、経済や社会も含めた、もっと包括的な考え方をしなければならないことが分かった」「自分ができることから取り組んでいくことが必要だと感じた」「うちの自治体でもやってくれないか」といった好意的な感想が寄せられた。SDGs の重要性を、実際に周囲とコミュニケーションを取りながら実感することができたという感覚は、「自分たちの業務を SDGs と結びつけて改善しなければ」という意識につながる可能性がある。

　また、このような参加型のワークショップは、講義形式よりも参加の敷居が低く、SDGs の特徴である包摂性を体現しやすい。実際に自分たちがアクションを考えなければならない SDGs の文脈では、多様な主体間での対話や、協力して課題をあぶりだしながら解決方法を検討するプロセスが鍵になる。SDGs の導入段階では、職員にテキストを配ったり、講演会を開催したりするよりも、「なぜ SDGs が私たちの世界に必要なのか」という根っこの部分を理解するために、必要性を職員一人ひとりが体感する機会をつくることが重要だ。

ゲーム

「SDGs de 地方創生」で身近な課題を意識しよう

　次に、「SDGs de 地方創生」についてご紹介しよう。これは、参加者が様々なまちづくりのプレイヤーの役割を担い、「SDGs の達成期限である2030 年にどのようなまちになるか」について体験することができるシミュレーション型のカードゲームである。世界の状況に焦点をあてた「2030 SDGs」カードゲームよりも、地域に対象を絞って、より個別かつ具体的な事例を通じた SDGs の活用方法について理解することができる。それでは、このゲームの概要を説明しよう。

図表8　SDGs de 地方創生ロゴ
（出典：株式会社プロジェクトデザイン ウェブサイト）

設定・条件

- プレイヤーは「行政」と「市民」の役割に分かれる。このうち、「行政」は さらに、人口減少対策を担当する部署・経済を担当する部署・環境を担当す る部署・暮らしを担当する部署に分かれる。「市民」は「商店主」や「一次 産業従事者」といった役割に分かれる

- 「人口・経済・環境・暮らし」の4種類の状況メーターがプレイヤーに共有 され、まちの状況が可視化されている

- それぞれの参加者には、その役割に応じて、「ゲーム終了時に、経済の状況メ ーターを8以上にすること」といった目指すべき個人のゴールが設定されている

- 「カードゲーム(約1.5時間)」と「カードゲームの振り返りと講義(約1.5 時間)」の2部構成で、研修には3時間を要する

- ワークショップの人数は、最小で6人、最大で48人

※ファシリテーターが複数のカードキットを用いることで、100人以上でも実施可能

図表9　SDGs de 地方創生のカード
(提供:株式会社プロジェクトデザイン)

お金

プロジェクトの実行に必要で、単位は「Gs」

資源

「クリエイター」や「地方議会（議員）」といったプロジェクトを実際に進めるために必要な人的資源を表す

[P] プロジェクトカード

プロジェクトの内容や、必要な資源、お金などが書かれている（図表10）。例えば「栄養満点ファーストフード」のカードでは、4000万Gsのお金と、クリエイターという資源と引き換えにプロジェクトが実行できる。

また、「運転免許返戻と公共交通無償化」のカードの中段には「必要なメーター」として家の形をした黄色いアイコンに白字で9と書かれている。これは、状況メーターの「暮らし」の項目が9以上でなければ実行できないということだ。

なお、「行政限定プロジェクト」も設定されている。

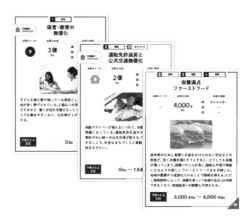

図表10　プロジェクトカード（出典：「SDGs de 地方創生」運営事務局ウェブサイト）

ゲームの大まかな流れ

①資源やお金を使って、プロジェクトカードに書かれたプロジェクトを実行していく

②プロジェクトを実施する際には、参加者は事務局と呼ばれる進行役のテーブルに「資源カード」や「お金」を持参し、引き換えにお金や資源を手に入れる

③プロジェクトを実行することで、設定された数だけ、状況メーターを増減させることができる（プレイヤーは、プロジェクトを実行するまで、状況メーターをどの程度増減させられるか知らない）

④こうして、刻一刻と変化する「まちの状況」の中で、個人の目標を達成することを目指す

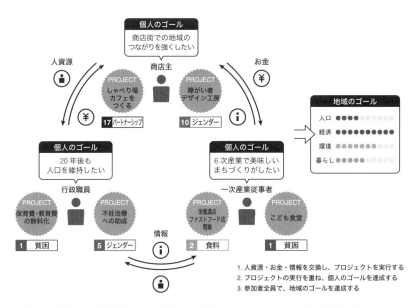

図表 11 「SDGs de 地域再生」カードゲームの流れ（出典：「SDGs de 地方創生」運営事務局ウェブサイト）

■ 多様なステークホルダーで取り組む重要性を実感する

　「SDGs de 地方創生」カードゲームは以上のような流れで進められる。将来にわたって豊かに過ごせるまちができるのか、それとも消滅可能性が高い都市になってしまうのか、それはプレイヤー一人ひとりの行動によって変化するというゲームデザインである。

　このカードゲームのファシリテーターを養成している竹田法信さん（株式会社プロジェクトデザイン）は、「人によって少し遠いとものと感じがちな SDGs を、カードゲームを通じて身近な課題に引き寄せることができます」と語る。竹田さんは、2018 年度まで富山市環境政策課の職員として、実際に SDGs を自治体で推進していた経験を持つ。

　竹田さんは「『SDGs de 地方創生』カードゲームの目指すところは、不特定多数の参加者を集めてカードゲームを体験してもらうことではありません。実際に地域のステークホルダーを集めて、『SDGs de 地方創生』カードゲームを活用しながら、現実世界を変革することを目指しています。このカードゲームは、そのための道具（ツール）なのです」と、その真意を明らかにしてくれた。実際に、富山市の職員 40 名を対象に行われたワークショップでは、「職員が一人でできることには限界がある」と感じていた職員が、ワークショップを経て「行政、住民、自分自身が考え方を改め、みんなが集まって考え、行動を起こす」というように、行政で課題を独り占めせずに、多様なステークホルダーで課題解決に取り組む必要性を実感してアクションにつなげようとする行動変容が起きたそうだ。

　「SDGs で（de）地方創生」というタイトルにゲームクリエイターの思いが込められているように、自治体においても、このカードゲームをツールとして活用しながら、SDGs で現実社会を持続可能な状態に変革させるような取り組みを実現するきっかけとなるだろう。

2つのカードゲームの比較と意義

　さて、これら2つのカードゲームは、いずれも株式会社プロジェクトデザインによって開発されているが、どのような共通点と相違点があるのだろうか。

　はじめに共通点と言えるのは、SDGsを考える上で必須の「経済・社会・環境」による三側面を統合的に達成することの重要性について、ゲームを通じて実感できる点だろう。ホワイトボードに貼られたマグネットの数で可視化された三側面の状況を意識しながらゲームを進めることで、経済・社会・環境のいずれかに係る政策だけを過度に実施することは、現実世界の持続可能性を高めることにはならないということを体感できる。例えば、「環境保護 対 経済成長」のような対立構造をむやみに作り出すことは、持続可能性を高めるどころか、課題の解決を遅らせることにつながりかねない。SDGsの達成に必要なことは、三側面の統合的な達成を念頭に置きながら、互いの主張を勘案しながら、様々なアクターができることを検討し、協力していくことである。

　また、人を動かすのは「正しいかどうか」ではなく「楽しいかどうか」

	2030 SDGs	SDGs de 地方創生
ゲームで扱う話題	SDGsの必要性の理解・SDGsと現実世界とのつながり	自治体の政策や地域活動とSDGsとのつながり
おすすめの対象者	SDGsに初めて触れる市民（自治体職員含む）	SDGsの活用について考えたいまちづくり関係者
ゲーム実施後の展開として期待できること	現実世界とSDGsとの接点を見つけ、自分ができることを探す	SDGsを用いて実際の地域課題を解決する方策を検討する

図表12 「2030 SDGs」と「SDGs de 地方創生」の比較
（出典：「SDGs de 地方創生」運営事務局ウェブサイトを参考に筆者作成）

であるという視点は、読者の方々にも共感いただけるポイントではないだろうか。講義形式による一方的なインプットではなく、ゲームを通じて自然にその必要性を実感することは、SDGs を自分ごとにするために大きな一歩になるはずだ。

　次に、2 つのカードゲームの違いを、筆者なりにまとめてみたので参考にしてほしい（図表 12）。

○ゲームで扱う話題

　「2030 SDGs」は、経済・社会・環境の三側面を統合的に持続可能な状態にしていくことの必要性を実感することができる。そして、世界の状況と自分の行動とのつながりを感じて、自分の行動や考え方を見直すきっかけになるだろう。かくして、SDGs というグローバルな枠組みを理解することができる。

　一方、「SDGs de 地方創生」は、国内の地方創生を必要としている地域が対象範囲で、その目的がはっきりしているからこそ、「保育・教育の無償化」や「運転免許返戻と公共交通機関の無償化」といった現実的なアクションがカードゲームの選択肢として用いられ、その内容は具体的だ。まちづくりや自治体の政策、地域活動と SDGs とのつながりを考えることに適していると言えよう。

○筆者おすすめの参加者層

　「2030 SDGs」カードゲームは、SDGs に関する予備知識が全くなくても、ゲームとファシリテーターの講義を通じて SDGs の背景や必要性を理解し、自分の行動を見直すきっかけとなる。

　「SDGs de 地方創生」は、まちづくりの個別具体的な課題を対象とするため、商工会議所の職員や自治体職員、自治会等で、実際にまちづくりに参画している場合、これまでまちづくりに参画した経験を持たない参加者よ

りも理解は進むだろう。とはいえ、このゲームに参加したことをきっかけにまちづくりに関心を持つ学生が生まれることも予想されることから、このゲームを通じて参加者にどのようなきっかけを提供したいかというテーマ設定によって、ゲームの用途には幅広い可能性があると言える。

○ゲーム実施後の展開として期待できること

「2030 SDGs」は、SDGs を全く知らない人でも、純粋にゲームを楽しむ中で「経済・社会・環境」という三側面の均衡を保つ重要性を理解することができ、個別のゴールの理解に至らずとも、SDGs を考える上での敷居を低くし、参加者自身が SDGs について考えるきっかけを与えてくれる。

「SDGs de 地方創生」は、SDGs を用いて実際の地域課題を解決する方策を検討する際に活用できる。例えば、実在する自治体や地区をゲームの対象に設定し、人口や人口減少のスピードも、その自治体に応じて調整すると現実味が増すだろう。そして、実際のステークホルダーが役割を担うことで、シミュレーションとしての色合いが濃くなる。こうして、自分たちのまちをフィールドに SDGs の観点も加えたまちづくりを検討することができる。

■ 仮想空間のトライ・アンド・エラー

　以上のように、2つのゲームはその性格が異なるため、どのような参加者に、どういったことを感じてほしいか、という観点で選んでいくと、純粋にゲームを楽しむことと、参加者が SDGs を活用して、何らかの行動を起こすという次のステップへの橋渡しをすることができるだろう。

　先述の竹田法信さんは、「SDGs の理解を深めるために、実はこのカードゲームから生じる熱狂こそが最も大切です」と語る。これらのゲームが効果的な理由は、カードゲームという仮想空間で、SDGs の観点から成功体験や失敗を通じた気づきを得ることができるということだろう。現実世界

では「失敗が許される環境」は稀なもので、税金で仕事を行う公務員の世界はなおさらだ。トライ・アンド・エラーを繰り返し、プロジェクトを改善していく機会が圧倒的に限られる。そのなかで、こうした仮想空間SDGsの必要性を感じ、実際に取り組まなければならないことに自発的に気づいたならば、SDGsという冠がつかない仕事や日常生活でも自然とSDGsを意識した行動を選択できるようになるはずだ。

そのほか、「様々なステークホルダーが、互いに課題意識のギャップを乗り超えることも大切です」と竹田さんは続ける。例えば、住民が待機児童という課題を解決したいと思っていても、市が待機児童を課題として認識していなければ、住民と市民が連携して解決に向けたプロジェクトを立ち上げるといった迅速な対応をとることはできない。これらのカードゲームは、課題意識を様々なステークホルダーが共有することが重要という気づきも与えてくれる。一方で、自治体も地域課題に優先順位を付けて対応する必要がある。そうしたステークホルダーごとの立場を理解しつつ、物事を俯瞰的に見ながら、解決すべき課題に対する多様な価値観を共有することの重要性も、カードゲームを通じて実感することができるだろう。

最後にお伝えしたいのは、これらのゲームが提供する学びや気づきの可能性は「体験してみなければ実感できない」ということである。本書の説明は、あくまでカードゲームを実施する際に上司の許可を得るために使っていただき、とにかく体験することから始めてほしい。

次章では、実際に自分が働く自治体の業務が、どのような地域課題に取組んでいて、どのようにSDGsとつながっているか「システム思考」というキーワードを使って、明らかにする。

COLUMN | SDGs と地方創生

　地方創生とは、東京一極集中を是正し、地方の人口減少に歯止めをかけ、日本全体の活力を上げることを目的とした政策である。日本の人口の現状と将来の姿を示し、今後目指すべき将来の方向性を提示する「まち・ひと・しごと創生長期ビジョン」が政府によって示され、これを受けて、今後5カ年の目標や施策、基本的な方向を提示する「まち・ひと・しごと創生総合戦略」が2014年末に閣議決定されている。

　もちろん、少子高齢化や人口減少で衰退していく国内の地域を持続可能にしていくというコンセプトは、SDGs が目指す世界にも包含される。そこで、内閣府は「地方創生推進事務局」を組織内に設置し、SDGs 未来都市や、自治体SDGs モデル事業などの施策を通じて、SDGs の普及に取り組んでいる。2016年に日本政府によって策定された「SDGs 実施指針」においても、自治体の各種計画や戦略、方針の策定や改定にあたっては、SDGs の要素を最大限反映することを奨励すると記述されている。

　また、2018年末に政府（SDGs 推進本部）が発表した「SDGs アクションプラン2019」の中にも位置づけられている「SDGs を原動力とした地方創生」が明示され、その重要性が強調されている。

　さらに2019年12月には、第2期「まち・ひと・しごと創生総合戦略」がまとめられ、「SDGs を原動力とした地方創生の推進」が施策の方向性として明確に打ち出されている。2024年度には「SDGs の達成に向けた取組を行っている都道府県及び市区町村の割合」を60％にする（2019年度13％）としており、今後も SDGs と地方創生は切り離せないだろう。

注
1. 「2030 SDGs」カードゲームの実施に際しては、運営元の一般社団法人イマココラボによるファシリテーター養成研修を受講し、公認ファシリテーターになることが必要である。詳細は同法人ウェブサイトを参照。
   https://imacocollabo.or.jp/games/faciritator/

参考文献
1. 「地方創生に向けた SDGs の推進について」内閣府地方創生推進事務局資料
   https://www.kantei.go.jp/jp/singi/tiiki/kankyo/pdf/sdgs_suishin.pdf
   （最終アクセス日：2019 年 10 月 5 日）
2. 一般社団法人イマココラボ ウェブサイト
   https://imacocollabo.or.jp/ （最終アクセス日：2019 年 9 月 1 日）
3. 「SDGs de 地方創生」運営事務局ウェブサイト
   https://sdgslocal.jp/ （最終アクセス日 2019 年 8 月 31 日）
4. 内閣府「第 2 期『まち・ひと・しごと創生総合戦略』」
   https://www.kantei.go.jp/jp/singi/sousei/info/pdf/r1-12-20-senryaku.pdf
   （最終アクセス日：2020 年 2 月 2 日）

STEP 2
SCENE 1

システム思考で
地域課題の
インターリンケージを
可視化する

自治体が抱える課題の構造を俯瞰しよう

■群盲、象を評す

　一部分だけを理解しても、決して全体を理解するには至らないことの比喩として有名な「群盲、象を評す」という寓話をご存知だろうか。

　目が見えない6人の人物が、生まれて初めて象と出会った。それぞれが手で触れて確かめたところ、象の鼻を触った人は「象というのは、ホースのような生き物だ」と言い、象のしっぽを触った人は「象というのは、ロープのような生き物だ」と言い、はたまた、象の足を触った人は「象というのは、木の幹のような生き物だ」と言い、象の牙を触った人は「象というのは、ヤリ（槍）のような生き物だ」と言った、というものである。

　全体を俯瞰してモノゴトを捉えることの重要性に気づかせてくれる寓話として、システム思考の文脈で用いられるストーリーだ。これは自治体の業務でも同じで、部分的な理解ですべてを理解したと錯覚しても、本当の課題解決にはつながらない。

■全体の俯瞰に欠けた政策が生み出す「ズレ」

　これまで経験した自治体の業務のなかで、本来意図している結果と異なる結果に陥った経験はないだろうか。

　例えば、「市内の市民活動団体に補助金を交付することで、団体の活動基盤を整えてもらい、3年後に交付団体を独り立ちさせる」というストーリーを描いたとしよう。そのうえで、市による単年度ごとの審査を経ながら、同一の団体が最長で3年間交付を受けることができる「市民活動推進補助金制度」を設けたとする。

　このとき、図表1で言えば、🅐（問題）として「市民活動団体が財政基盤の脆弱さにより、団体が焦点を当てた課題の解決に即した事業を行うこ

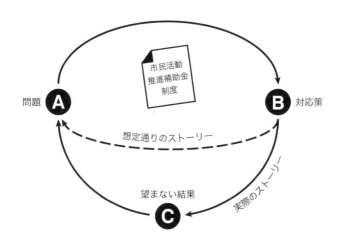

とができない」という問題がある。本来は、その解決に向けた**B**（対応策）を実施することで、**A**（問題）を解決するという関係で完結する。想定通りに事が運べば、交付延長上限の3年後に市民活動団体は独り立ちして、市民の福祉の増進に関係するような取り組みを進め、団体としてスケールアップしているはずだ。

しかし実際には、市民活動団体が市からの補助金ありきの事業運営を続けてしまった結果、市民活動団体は独り立ちどころか、補助金が無ければ活動ができない状態になってしまうこともある（**C**：望まない結果）。このような望まない結果に陥ってしまう場合は、期待した「結果」と、それを達成するために行われた政策・施策（**B**：対応策）との間に、何らかのズレが生じていると言えよう。

こうした事例において、そんな「ズレ」による顛末の1つとしてしばしばみられるのが、市民活動団体側にとっての目的のすり替わりだ。「事業基盤を整えて独り立ちすること」という本来の目的が、3年間の事業経費を補助金に依存するうちに、いつの間にか「市民活動推進補助金の交付を、

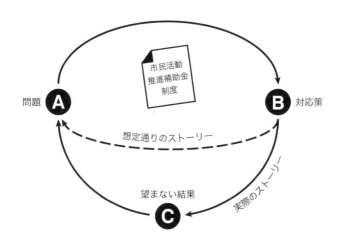

図表1 「うまくいかない解決策」の構造 （出典：センゲ（2011）を参考に筆者作成）

毎年度獲得すること」にすり替わってしまうのである。補助金交付に対する事業の実施報告書や財務報告書の作成といった慣れない業務に忙殺され、肝心の事業が思い通りに行えないジレンマに陥ってしまう例は少なくない。

　行政職員は「良かれと思って」こうした施策を実施しているが、補助金交付後の交付団体側の負担まで、自分たちの施策で検討すべき範囲（＝システム）として含めて検討していないことが多い。つまり、補助金の交付を受けた団体が、補助金を活用して結果を出すという段階まで、全体を俯瞰して把握し切れていないのだ。しかも、行政職員が一生懸命取り組んでいる点が、さらに話をややこしくしている。

■ その場しのぎの解決策が招く問題のすり替わり

　さて、こうした状況に陥った場合、自治体はどういう改善策を取ろうとするだろうか。

　先ほどの事例の場合、交付団体が自立できなかったのは、「毎年度の補助金報告を、我々が甘く設定したからだ」と考えて、さらに詳細な報告を交

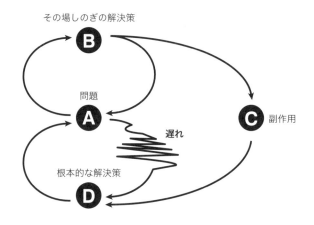

図表 2 「問題のすり替わり」の構造（出典：センゲ（2011）を参考に筆者作成）

付団体に課すようなことを試みがちだ。図表2で言えば、すぐに思いつく❸（その場しのぎの解決策）である「管理の強化」を優先してしまうということである。その結果、❹（根本的な解決策）である「交付団体職員の能力強化」を実施できず、❸（副作用）が発生し、❹（問題）はさらに深刻で複雑になっていく。

　そもそも、根本的な解決策である❹の実行に至るまでには長い時間を要する（図表2の波線部「遅れ」）。その場しのぎの解決策である❸の取りかかりやすさに安易に流されないことが必要だ。

　著書『学習する組織』で有名なピーター・M・センゲは、こうした構造を「問題のすり替わりの構造」と呼んでいる。問題の対症療法が先行するうちに、根底にある問題は深刻さを増し、根本的な解決策を施すことはいっそう難しくなる。やがて、人々は対症療法的な解決策への依存度を高めることに問題を「すり替えて」しまうというのだ。大半の対症療法的な対応策は、短期的にはうまくいくことが多く、一見すると対応策は効果があったように錯覚してしまうことから、センゲは、「挙動は、悪くなる前に良くなる」と述べている。こうした政策の構造（システム）を明らかにせず、発生した問題を個人に帰属させて考えてしまうと、根本的な課題解決には至らない。

■モノゴトの構造を俯瞰するシステム思考の有効性

　以上のように、直線的でシンプルなアプローチでは解決できない複雑な課題を紐解いていくために、モノゴトを俯瞰し、複数のモノゴトのつながりを把握して、全体をシステムとして捉えるアプローチは「システム思考」と呼ばれる。17ある幅広い分野の目標が入れ子状態で存在するSDGsを考える上で、非常に有効な考え方である。

　SDGsに限らず、複雑な問題を抜本的に解決するためには、「木を見て、森も見る」というように、部分的な事象だけでなく、事象を取り巻く要素

の相関関係を俯瞰的に把握した上で、全体最適を考えていく必要がある。実は、「売り手によし、買い手によし、世間によし」という近江商人の「三方よし」の考え方も、システム思考の例として挙げられる。日本でも古くから存在していたモノゴトの捉え方でもあるのだ。

　自治体で扱う地域課題は、「A という課題の原因は B である」というような直線的に考えることができるシンプルな課題よりも、幅広いステークホルダーや問題が複雑に絡み合った結果、発生した課題であることが多い。しかし、行政組織は、環境部局、経済部局、都市整備部局といったような分野ごとに縦割りで配置された担当課が、それぞれの決められた所掌事務の範囲内で対応しているため、SDGs で扱うような分野横断的な課題に対しては、少なくとも部門間調整が必要だ。そのためにも、まずは課題の全体を俯瞰して、構造的に捉えることから始めよう。

　さて、システム思考の一端に触れてもらったところで、SDGs の観点から自治体職員が地域課題を整理するために、筆者が実際に研修などで使っているワークショップ形式の手法をご紹介したい。ワークショップの実施にあたっては、序章で紹介している SDGs の基礎知識や自治体における実践例などを事前に参加者で共有し、認識レベルをそろえたうえで実施することをお勧めする。

ワークショップ①

課題間の関係を捉えよう

目　　　的：背景にある問題と課題とのつながりの理解
キーワード：システム思考、インターリンケージ
目 安 時 間：80 分（発表共有の時間 15 分を含む）

■**座席レイアウト**

- ●模造紙を広げることができるサイズのテーブルを用意する
  （長机を 2 台つなげるとちょうど良いサイズになる）
- ●各テーブルに 5 名前後で座席配置。その際、参加者の十分な発言の機会を確保するため、ひとテーブル当たり 6 名を超えないように注意する
- ●各テーブルは所属する部署がバラバラになるように設定
- ●説明は Microsoft PowerPoint で作成した資料を、プロジェクターを通じてスクリーンに投影すると共通理解が深まる

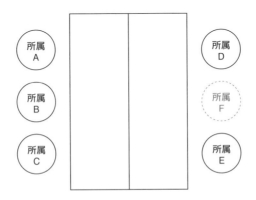

図表 3　座席のレイアウト

■ 準備する物品

- 模造紙（788 × 1091mm）
- 水性サインペン（裏うつりしないもの）
- 付箋（7.6cm × 7.6cm 以上）2 色
- SDGs のアイコン（国連広報センターウェブサイト^(注1) から印刷）（p.13 図表 1）
- ハサミ（各テーブルに 1 本（丁）以上）
- セロハンテープ（各テーブルに 1 本（巻）以上）

図表 4　各種準備物

■ 事前準備その 1 『自己紹介』(目安 10 分)

まずは、アイスブレイクの意味も兼ねて自己紹介から始めよう。同じ庁内だからと言って、すべての人が知り合い同士とは限らない。また、課長級以上の職員のことを周りの職員は知っているかもしれないが、逆に課長級以上の職員が、他の部署の新人職員まで覚えているかと言えば、なかなか難しいだろう。もちろん、旧知の仲でも、新たな一面が見つかり、その後の議論につながることもある。

参考までに、筆者がワークショップで用いる自己紹介の例をご紹介する。

この手法では、1 人 30 秒で自己紹介の時間を設定すると良い。時間の測り方は、ワークショップの運営者がマネジメントしても良いし、テーブルの中の誰か、例えば次の発表者がタイムキープを担当するといった工夫もスムーズで効果的だ。

A4 サイズの紙を 1 人当たり 1 枚ずつ配布し、3 等分したスペースに、上から「ニックネーム」「タイムマシンで行ってみたい時代と場所」「関心のある SDGs のゴール」を参加者に 3 分で各自書いてもらう。その後、1 人 1 分で自己紹介をするといった要領だ。その後、2 分ほどかけて、メンバーの共通点を探し「チーム名」を考えるのも良いだろう。一定の範囲の中で、「共通点を探す」という視点を無意識に持てるので、おススメの方法だ。

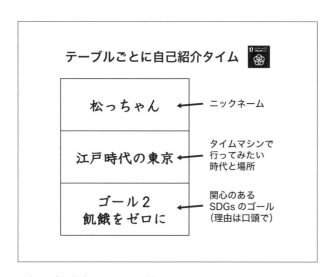

図表 5 自己紹介のスライドの例

■事前準備その2 『ワークショップの前提条件を整える』

　今回は、**ゴール11**の「SUSTAINABLE CITIES AND COMMUNITIES（住み続けられるまちづくりを）」を例にして説明しよう。

　まず、図表6（上）にあるように、「包摂的で安全かつ強靭で持続可能な都市および人間居住を実現する」というSDGsの**ゴール11**を参加者に共有する。さらに、「世界では、農村部から都市部への移住者の増加しており、急激な都市化が進んでいる。しかし、都市部で就労機会を得ることができなかった人々がスラム地区での生活を余儀なくされ、安全で手頃な価格の住宅へのアクセスを確保するなどの改善が必要とされている」といった世界の状況や課題についても情報を提供すると良いだろう。

　次に、この目標のターゲットを参加者で確認し、所属する自治体が掲げている優先的な政策目標等を考慮しながら、達成すべき内容を抽出していく（図表6（中上））。今回の場合は、「水関連災害などの災害による死者や被災者数を大幅に削減し」という部分に着目してみると、豪雨による水害への対策など、昨今優先順位の高い課題にも関連してくることが分かる。こういった視点で取り組んでみると、SDGsを自分たちの自治体に引き寄せて理解できるだろう。

　なお、できれば、指標レベルまで目を通してほしい。例えば**ターゲット11.5**の進捗を測る指標（11.5.1）は「10万人当たりの災害による死者数、行方不明者数、直接的負傷者数」と設定されている。総務省の「SDGグローバル指標（SDG Indicators）」に関するウェブサイト上でデータが公開されているので、相当するデータが計測可能かどうか確認する際には参考にすると便利だ。

　そして、今度はSDGsの**ターゲット11.5**から抽出した災害による死傷者数をローカルな地域に読み替えてゆく。対象範囲を「市内」に限定して、目標達成に向けた道筋を検討していこう（図表6（中下））。そのうえで、「市内で、災害による死者数、行方不明者数、直接的負傷者数が発生する原因は何か？」という問いに変換する（図表6（下））。この問いは、市内で災害による死傷者が発生する原因を探るべく、問いの形に発展させたものである。

　ここまで進んだら、「問い」を印刷して模造紙の中央に貼り付ける。これで事前準備は完了だ。

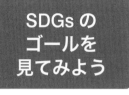

包摂的で安全かつ強靭で
持続可能な都市
及び人間居住を実現する

 11.5
2030 年までに、貧困層及び脆
弱な立場にある人々の保護に焦
点をあてながら、水関連災害な
どの災害による死者や被災者数
を大幅に削減し、世界の国内総
生産比で直接的経済損失を大幅
に減らす。

SDGs の
ターゲットを
確認しよう

ローカルの
文脈に
読み替えよう

 市内で、
災害による死者数、
行方不明者数、
直接的負傷者数を
減らすためには
どうしたら良いか。

原因を分析
するための
問いをつくろう

 市内で、
災害による死者数、
行方不明者数、
直接的負傷者数が
発生する原因は何か？

図表 6　グローバルな目標をローカルの文脈に読み替えるプロセス

■ ワークショップのルール

　次に、この課題が発生している背景にある問題は何か参加者が考え、付箋に書き出していく。その際に、筆者は 4 つのルールがあることを参加者に説明し、徹底してもらっている。これは米国の A. オズボーンが提唱したブレインストーミングのルールを参考にしている。

① 1 枚の付箋当たり、1 つの意見をワンフレーズで書こう

　1 つ目のルールは、付箋には多くの情報を書き込まないことだ。「インフラの整備不足」や「防災知識がない」のように要点をワンフレーズに集約して書き込むことで、ワークショップ中の整理を円滑に進めることができる。

② 他人の意見を受け入れよう

　2 つ目は、他人の意見を受け入れることだ。「その意見は違う」とか「自分はそうは思わない」といった否定的な発言はなるべく控えよう。他の参加者から出る自由な発想を制限してしまうし、その人の限られた枠の中での話になってしまう。もし「あの人の意見は違う気がする」と感じても、「そういう意見や視点もあるのか」というように、自分と違う価値観を受け入れて進めていくことが重要だ。SDGs は多様性を重視することからも、他人を受け入れることは、そのはじめの一歩と言えるだろう。

③ 質より量、自由な発想を歓迎しよう

　3 つ目のルールは、自分の意見に自信を持つことだ。付箋に書き出す時に「この意見で正しいのだろうか」「こんな陳腐な意見を書いて笑われたらどうしよう」といった「恥」の感情を抱いてしまうと、せっかく頭に浮かんだ新しい発想を失わせてしまう。特に公務員は「失敗できない」「完璧なものを社会に出さなければいけない」といった意識が非常に強い。しかし、ワークショップ中は、自由で突拍子もないと思うくらいの発想で全く問題ない。世間的に「良い」意見よりも、色々な意見を「たくさん」出すことが、ワークショップに貢献すると考えてほしい。

④ 相乗り歓迎、誰かの意見にアイデアを付け加えよう

　最後に 4 つ目のルールは、他人の意見を遠慮なく取り入れるということだ。他の参加者が出した意見に相乗りをして、その意見をきっかけに新たなアイデアを考え、付け加える。

| 手順 1 | 地域課題の背景にある問題を書き出す | 目安 20 分 |

課題の背景にある原因は何か想像してください

　図表 7 をご覧いただきたい。模造紙の中央には、先ほど問いの形に発展させた「災害による死者、行方不明者、直接的負傷者が発生する原因は何か？」という問いが貼り付けられている。まず参加者は、個人でこの問いを考え、答えを付箋にワンフレーズで書き込む。用意する時間は 5 分程度だ。次に、付箋に書いてある内容を、1 人ずつ声に出しながら模造紙に貼り付けていく。付箋に書き切れなかった内容は、貼り付ける際に簡単に補足説明するとよい。

　図表 7 では、外国語話者への防災対策が日本人と比較して不十分であるといった意見や、自治会の加入率の低下に代表されるように、地域のつながりが徐々に希薄になっているといった意見が出ている。また、防災知識が全般的に欠けていることも、原因の 1 つとして挙げられている。

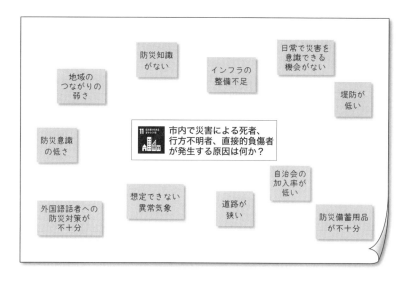

図表 7　課題の背景にある問題（原因）を書き出す

> 近い意見をまとめ、それぞれのまとまりに
> タイトルを付けてください

　次に、模造紙に貼られた付箋の中で、近い意見をまとめて、グループ化する。その後、それぞれのグループを表す表現を、ワンフレーズで直接模造紙に書き込んでもらう（図表8）。その際に、無理やりまとめる必要はなく、特徴が上手く合致しないものは、独立したままにしておいて問題ない。この作業は概ね5分を目安に行う。

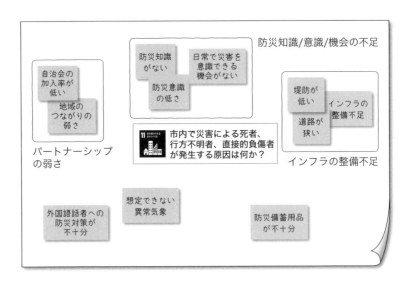

図表8　近い意見をグルーピングして整理する

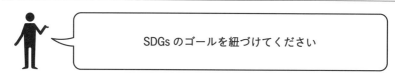

手順3 発生している問題を SDGs の切り口から考え、紐づける ── **目安 10 分**

次に、グループ化した意見が一体 SDGs のどういったゴールと紐づいているか参加者同士で検討する。この時、SDGs のターゲットや指標が分かる資料を用意しておくと参考になる。

例えば、SDGs の指標 9.1.1 には「全季節利用可能な道路の 2km 圏内に住んでいる地方の人口の割合」と記述されている。図表 9 の中で示されている「道路が狭い」や「インフラの整備不足」といった意見は「この指標に書かれている内容と紐づけることができることから、**ゴール9**を貼り付けよう」と判断する根拠になる。

この紐づけは、ある程度幅広く連想してほしい。例えば、「防災備蓄用品の不足」が、どのような状況を引き起こしてしまうか考える。すると、「災害時に、

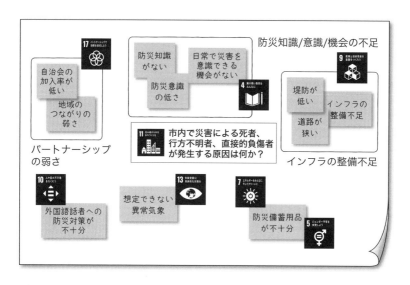

図表 9　それぞれの意見と SDGs のゴールを紐づける

化石燃料を用いることを前提とした自家発電の電灯が大半で、太陽光発電を利用した伝統が常備されていないから、十分な明るさを提供できず、夜道で犯罪が発生するかもしれない」といった広範な連想をしてもよい。このワークショップでは、課題の背景にある問題を想像することが重要であり、同様にこの紐づけでも柔軟な想像力が求められる。

　このワークショップでは、課題や問題と SDGs の各ゴールとの大まかなつながりを意識し、SDGs を身近に考えてもらうきっかけを作ることが目的の 1 つなので、厳密なつながりまで考えなくてもよい。

図表 10　ワークショップの様子

> それぞれの要因を「増やせば」課題を解決できる場合は実線、
> 「減らせば」課題を解決できる場合は点線で、
> 課題とつないでください

　次に、中心に据えた問いとグループ化したそれぞれの意見が、どの程度つながっているかを検討する。このワークショップでは、中心に置いた問いとグループ化した各意見を線でつないでいく。グループの意見を「増やせば」問いにある課題の解決につながる場合は実線、逆に「減らせば」問いにある課題の解決につながる場合は点線を模造紙に記入してつなぐ（図表11）。

　例えば、パートナーシップは「強める（増やす）」ことで災害被害者の減少につながるので実線でつなぎ、「異常気象」は「減らす」ことで災害被害者の減少につながるので点線でつなぐといった要領だ。このアプローチ自体は簡易的だが、それぞれの意見の問いとの関係を整理することで、複数ある事象の位置づけや影響を整理することにもつながる。

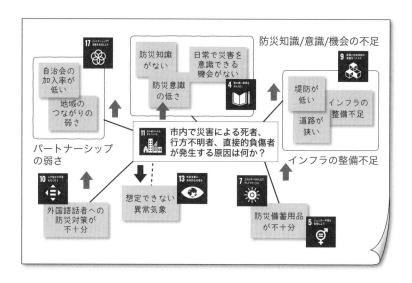

図表 11　初めの問いとの関連を明らかにする

> どの問題を解決することが、最小限の努力で、
> 持続的に大きな改善を引き起こすことにつながるか議論し、
> 該当する問題に●シールを貼ってください

　浮かび上がってきた問題の中で、解決することによって、中心にある課題の解決に最もつながりそうな問題（レバレッジポイント）はどれか、チームの中で議論しながら検討し、メンバー全員の合意が得られたら、該当する問題に「●（シール）」を貼る（図表12、13）。レバレッジポイントは、小さな力で大きな変化を起こすことができる「作用点」であり、どのような切り口（例えば、経済的なのか、労働力なのか）から見て、作用点として選んだのかをメモしておくと、最後にチーム間で発表する時に役立つ。

図表12　参加者が互いの内容をレビューし合うことで、理解が深まる

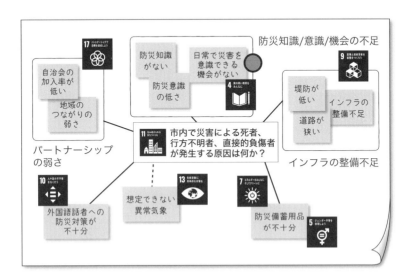

図表13　レバレッジポイントを明らかにする

手順6 SDGs の切り口から見た問題を行政組織に引き寄せる —— **目安10分**

> 行政機関の中で、担当すると思われる部署名を
> 先ほどと異なる色の付箋で追記してください

　次は、それぞれのグループ化した意見が、行政組織の中で一体どの部署が所管する、もしくは所管すべき問題なのかグループ内で話し合ってみよう。基礎自治体の枠に収まらない場合は、広域自治体である都道府県や省庁の名称を記入してもよい（図表14）。実際にこのワークショップを行ってみると、どこの部署が所管するか想像することも、縦割りの解消を考える布石となる。SDGs 時代には、無意識に書き込んだ所管課の枠を越えられるように進めていくような検討が必要だ。

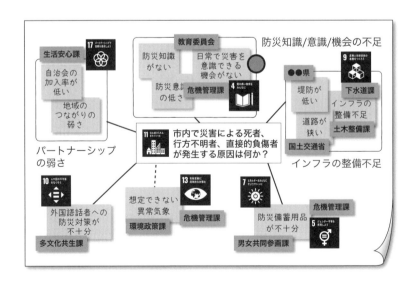

図表 14　議論を通じて、所管課を決めていく

■まとめ：システム思考というキーワード

このワークショップを通じて伝えたかったのは、「システム思考」という考え方だ。はじめの問いは「課題」の分析に取り組む切り口である。行政は施策を実施する際、この課題の解決をメインターゲットとして捉えて、事業を作り上げていく。

しかしながら、今回のワークショップで明らかになったように、その課題の背後には、多種多様な問題が同時多発的に発生しており、それぞれが複雑に絡み合い、表出化した問題が「課題」として認識されていることが分かる。

SDGs では、まだ我々が見えていない様々な問題を「貧困」や「ジェンダー平等」「気候変動」といった 17 の切り口から顕在化させ、「課題」として明らかにしてくれるツールにもなり得る。常に課題の背後に潜む問題の数々に目を向けて、「ヌケ・モレ」がないかチェックする意識を持って業務を進めて行くと、より効果的な業務につながるだろう。

手順6 にある問題の解決に対する所管課を決める作業を通じて、行政職員は無意識のうちに、どこの部署が担当する仕事だと決めてしまう習性が

A. 問題と自分を切り離して考える	B. 自分も問題の一部と認識する

図表 15　ワークショップ①のねらい（「SDGs de 地方創生」運営事務局資料をもとに筆者作成）

あることを再認識するとともに、実際の課題解決には複数の部署による連携が必要不可欠であることも実感する機会になるはずだ。この時、ファシリテーターは、共通の目標達成に向けて、縦割りの壁を越えた連携が必要であることを、改めて行政職員が実感できるような補足説明や言葉を、ワークショップの最後に投げかけると研修参加者の理解が深まる。

　このワークショップ①で得られる重要な示唆は、参加者自身が、「自分もSDGsが立ち向かおうとしている問題の一部なのだ」と自覚できることである（図表15）。

　SDGsは、貧困に苦しむ「誰かの問題」といったように、自分と切り離して考えてしまいがちだ。しかし、「これまで自分と関係ないと思っていた課題を引き起こしているのは自分かもしれない」という気づきを得ることが、変化の1つだろう。このことに気づいたら、自分たちの取り組みの解像度をどんどん上げることができる。

COLUMN | マテリアリティ（優先課題）の特定

　SDGsの理念を自治体の政策に反映させるといっても、いきなりすべての政策・施策に対して行うことは、現実的な選択ではない。まずは、重点目標に位置する重要な課題に絞って行っていく方が、無理がないだろう。このように、優先度の高い課題に焦点を絞って、SDGsの推進を始めることの意義について、大津市企画調整課の中谷祐士さんは「総合計画の取り組みについては、SDGsの関連性を整理できますが、大津市が注力すべき課題に合わせて重点取組事業を設定することで、より実効性が担保されます。そして、職員がSDGsを使うイメージも庁内で共有できます」と語る。

　大津市（滋賀県）は、「子育てシェアリングエコノミー推進事業」や「LGBT支援プロジェクト」といった10の重点事業に絞って、SDGsの視点を活用しながら進めていくとしている。このように、どういった政策・施策・事業にSDGsを使うか検討するプロセスも必要だ。

図表16　庁内外でSDGs推進に取組む中谷祐士さん（大津市企画調整課）（提供：中谷祐士さん）

	重点取組事業	担当部局	総合計画 2017 第 1 期実行計画施策	主な SDGs ゴール
1	子育てシェアリング エコノミー推進事業	福祉子ども部	1　子育て環境の充実	
2	LINE を活用した 相談体制の充実	市民部	3　いじめ対策の推進	
3	学校における いじめ対策の推進	教育委員会	3　いじめ対策の推進	
4	初等中等教育の充実 （英語教育の取組等）	教育委員会	5　子どもの教育の充実	
5	LGBT 支援プロジェクト	政策調整部	15　人権の尊重と平和 社会の実現	
6	Otsu プロジェクト-W	政策調整部	16　女性が活躍する社 会の実現	
7	女性起業家支援	産業観光部	33　商工業の振興	
8	ドギーバッグ運動	環境部	37　循環型社会の推進 と土砂等の埋立て 規制の強化	
9	ごみ減量と再資源化	環境部	37　循環型社会の推進 と土砂等の埋立て 規制の強化	
10	働き方改革推進事業	総務部	38　行財政改革の強化 と持続可能な都市 経営	

図表 17　大津市 SDGs 重点取組事業の一覧（出典：大津市ウェブサイト）

注

1. 国連広報センター（https://www.unic.or.jp/files/sdg_logo_ja_2.pdf）

参考文献

1. 高木超（2019）「まちの未来を「共創する」パートナーシップの在り方 SDGs を反映した政策を実行するために」『国際開発ジャーナル』2019 年 4 月号、pp.32-33
2. デイヴィッド・ピーター・ストロー（2018）『社会変革のためのシステム思考実践ガイド』英治出版
3. 前野隆司（2014）『システム × デザイン思考で世界を変える』pp.20-25、日経 BP 社
4. ピーター・M・センゲ（2011）『学習する組織』pp.108-175、英治出版

STEP 2
SCENE 2

バックキャスティングの
アプローチで
目標を設定する

前章では、SDGs の特徴である「ゴール間のつながり（インターリンケージ）」の観点から、地域課題の背景にある問題をシステム思考で考えた。そこで、本章では、SDGs の達成に向け、2030 年における自治体や地域の理想の姿を描き、その姿を現実のものとするためにどのようなことが必要か逆算して考える「バックキャスティング」というアプローチをご紹介したい。

未来から逆算して現在を考えてみよう

■ フォアキャスティングとバックキャスティング

　自治体で働くあなたが、自分の担当している仕事を通じて特定の地域課題を解決するならば、一体どのような手順で取り組むだろうか。

　もしも、現状を踏まえながら、どのような改善策があるかを考え、1 つの改善策、もしくは複数の改善策を積み上げて課題解決を目指すのであれば、そのアプローチは「フォアキャスティング」と呼ばれる。英語で forecast は「予想」や「予測」といった意味を持っており、現状の延長で未来にどのようなことが起きるか想像していく考え方である。しかし、フォアキャスティングは、これまでの経験をもとにしつつも、霧の中を歩いて進むようなもので、その先に一体何があるか進んでみなければ分からない。

　一方、あなたが、達成したい目標をあらかじめ設定し、その達成に向けた手段や施策を後から検討するのであれば、そのアプローチは「バックキャスティング」と呼ばれる（図表 1）。日本語でいうと未来から「逆算」して現在の行動を検討する考え方である。

　例えば、自治体の埋立処分場の残余年数が逼迫している場合、その自治体は埋め立てごみを減らす方策と、焼却炉や埋立処分場の新設などの方策を両にらみで検討するだろう。その過程で、前者の実現に向けて現状を整理したところ、リサイクル率を現在の 20％から大幅に向上しなければ、10

年以内に埋立処分場が限界を迎えてしまうという切迫した状況が明らかになったと仮定する。そのとき、あなたが資源循環やごみの減量を担う部署の担当者だとしたらどのように考えるだろうか。「フォアキャスティング」と「バックキャスティング」のアプローチで比較してみよう。

まず、この事例で「フォアキャスティング」のアプローチを採れば、例年のリサイクル率の変化を念頭に置いて、実現可能な方策を検討し、その方策の結果として達成できる目標数値を設定する。しかし、このようなケースで、いくら現状実施している施策を加速させて積み上げても、リサイクル率を80％にするというような大胆な変化を目標に掲げることは滅多にないだろう。むしろ、組織の内部では、現状との乖離があればあるほど、80％という高い数値設定が現実的な目標として受け入れられることは難しい。さらに目標を達成できなかった際の住民や議会からの追及や批判を考慮し、結局は「現状の20％から25％に上昇させる」というような実現可能性が非常に高い数値設定に落ち着いてしまう。このように、現実世界では、例年の数値からはじめに現実的な数値を目標として設定する自治体

バックキャスティング

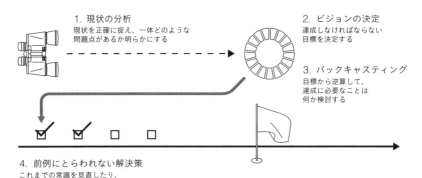

1. 現状の分析
現状を正確に捉え、一体どのような
問題点があるか明らかにする

2. ビジョンの決定
達成しなければならない
目標を決定する

3. バックキャスティング
目標から逆算して、
達成に必要なことは
何か検討する

4. 前例にとらわれない解決策
これまでの常識を見直したり、
イノベーションを活用した解決策を検討したりして、目標に到達できる戦略を考える

図表1 「バックキャスティング」のアプローチ

が多いのではないだろうか。

　他方、「バックキャスティング」のアプローチを採る場合、まずは現状を分析し、リサイクル率を具体的にどのような状況にすれば埋立処分場の残余年数の逼迫という問題の解決につながるのかを考える。その結果、リサイクル率が80％を超えた状況を実現しなければならないのであれば、「リサイクル率80％」という目標を先に定め、その実現に向けて、どのようなことが必要か、目標から逆算して検討する。

■ **壮大な目標を掲げる「ムーンショット」型のアプローチ**

　このように壮大な目標をマイルストーンとして置き、逆算して達成手段を検討する挑戦のアプローチは「ムーンショット」型と形容される（図表2）。航空機で気軽に太平洋を横断して旅行できるような時代ではなかった1960年代前半に、アメリカ合衆国第35代大統領ジョン・F・ケネディが「人類を1960年代が終わる前に月面に到達させる」と宣言し、月面着陸を実現させたアポロ計画のように、常識的な範疇を超えて遠くに目標を設定

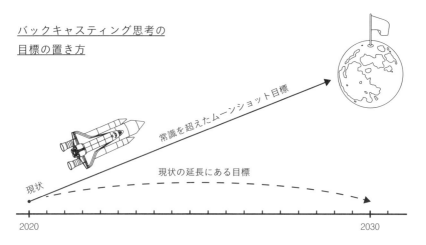

図表2　高みを目指して行動を変える「ムーンショット」

することを示す表現だ。

　このムーンショット型アプローチの効果について、ソニーコンピュータサイエンス研究所 社長・所長である北野宏明氏は、「（ムーンショット型アプローチの）本当の目標は、定めた目標に行きつく過程で、様々な技術が生まれ、その技術が世の中に還元され、そして世の中が変わることなのです。これがMoonshot型のアプローチにある、もう１つの大きな効果です」と語っている。10年後には、現在の技術水準や価値観といった土台が大きく変革しているかもしれない。土台が変われば、達成できる目標の数も一気に増える可能性がある。このように、今の常識にとらわれない思考がSDGsでは非常に重要だ。

　SDGsに関して議論される際は、「バックキャスティング」という言葉が盛んに強調されがちだが、単に目標から逆算して手段を検討すれば良いというわけでもない。SDGsにおいては、目標の設定にあたって「変革的」であることも重要な視点である。しかし、実際に政策や施策を検討する際に、この点が忘れられてしまいがちだ。そこで、次項では、SDGsでは非常に重要なキーワードの１つである変革的な目標設定の必要性について説明する。

COLUMN ┃ どのような推進体制を 整備するか

　SDGs を自治体で推進していく際には、庁内の体制を整備すると推進
力が増していく。幅広い 17 の目標を抱える SDGs の推進は、地球温暖化
を担当する環境部に限った話でもなければ、地域産業の活性化を担う経
済部だけに限られた話でもない。前提となるのは、首長の関与と企画部
門の調整能力、財政部門の理解、そして担当課のリーダーシップである。

　リーダーシップと聞くと、「それは首長が備えるもので、担当課それぞ
れがリーダーシップを持ったら『船頭多くして船山に上る』ことになる
のではないか」と疑問に思う人もいるかもしれない。しかし、リーダー
シップは首長だけが備えていれば良いというものではない。組織を俯瞰
して見れば、トップダウンで首長が SDGs を推進すると表明しても、実
際は担当課が各分野で目標達成に向けてリーダーシップを発揮していか
なければ、絵に描いた餅になってしまう。さて、自治体組織で SDGs を
推進していくには、どのような体制を構築すれば良いのだろうか。

　まずは、静岡市（静岡県）や鎌倉市（神奈川県）、滋賀県のように、企
画部門が主導していく体制が挙げられるだろう。総合計画を所管してい
るため、基本構想・基本計画・実施計画といった自治体の根幹をなす計
画に SDGs の理念を反映させることが可能だ。一方で、担当課の職員ま
で SDGs を理解した取り組みを進められるかというと、何らかの工夫が
必要だろう。

　ほかにも、白山市（石川県）のように「SDGs 推進本部」のような部
局横断的な会議体を設置する自治体も見られる。多くの場合、会議体は

首長以下、部局長級のような幹部級職員と総務課、財政課、および企画課長といった構成員で組織されることが多いだろう。この会議体を設置するメリットは、各部門のリーダーまで SDGs を意識させることができる点である。

　また、富山市（富山県）や北九州市（福岡県）のように、環境部門が主導して SDGs を推進するケースもある。その中には、環境部局が所管していた環境未来都市が 2018 年に SDGs 未来都市という枠組みに発展したことで、従前の業務が SDGs に替わった場合もある。しかし、SDGs は環境だけでなく、社会や経済といった側面と統合的に解決を図らなければならない点は留意しなければならない。

　最後は、SDGs 推進課と呼ばれる SDGs を所掌事務とする部門を独立して設置するケースだ。下川町（北海道）や神奈川県は、このケースにあたる。この場合は、SDGs を強力に推進していく姿勢を内外に示すことができる。また、分野横断的な観点から、SDGs に関連する施策について、各課の調整役としての機能を担うこともできるだろう。こうしたケースは企画部門などから、独立して設置されることもある。

　組織体制には、自治体の SDGs に対する姿勢が現れるが、自治体の規模によっては、すぐに SDGs に特化した部署を設置することは難しい場合も考えられるので、それぞれの自治体に合った SDGs の推進体制を整えていただきたい。

求められる「変革の視点」

■ **SDGs は「2030 アジェンダ」の一部**

　前節を受けて、SDGs と「変革的な」視点との関係について説明する。一体なぜ「変革」が SDGs のキーワードなのだろうか。

　日本では SDGs の存在がクローズアップされているが、そもそも SDGs 自体は、2015 年 9 月にニューヨークの国連本部で、国連に加盟する 193 カ国によって採択された「我々の世界を変革する：持続可能な開発のための

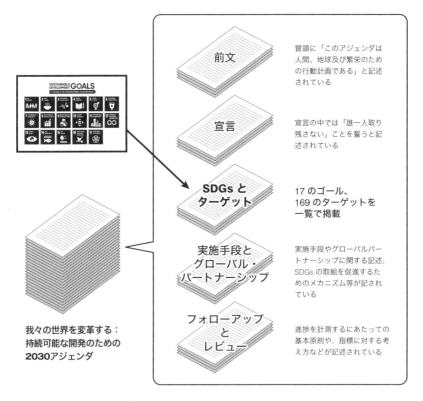

図表3　2030 アジェンダの構成

2030アジェンダ（以下、2030アジェンダ）」の一部分である。

　この2030アジェンダは、①前文、②宣言、③持続可能な開発目標(SDGs)とターゲット、④実施手段とグローバル・パートナーシップ、⑤フォローアップとレビューの5項目から構成されており、その中でSDGsは2030アジェンダの中核を成している（図表3）。当然、SDGsが重要であることに疑いの余地はないが、実は2030アジェンダを構成するSDGs以外に言及している部分にも、持続可能な世界の実現に向けた重要な内容が含まれているので、これを機に目を通していただきたい。

　そして、2030アジェンダのタイトルには「変革する（Transforming）」という文字がハッキリと書かれている。変革とは、単に状況を変えることを意味しているわけではない。根底にある常識ごと「まるっと変える」ことを指しているのだ。そのため、SDGsのような野心的な目標を達成するためには、常識をまるっと変える「SDGs視点の政策」が往々にして必要になる（図表4）。

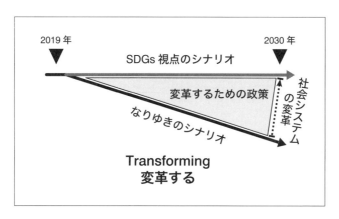

図表4　SDGsに適う政策には、変革の視点が求められる

■社会・環境への配慮と経済発展を対立させない政策形成へ

　こうした変革が必要な理由はいくつもある。例えば、私たちが暮らす地球の持続可能性を、環境という側面から観察してみよう。商品を使い捨てにすることで効率を高め、経済を回す「大量生産・大量消費・大量廃棄」を背景とした経済・社会システムの影響を強く受けており、お世辞にも持続可能な状態にあるとは言えない。世界最大規模の自然環境保護団体であるWWF（世界自然保護基金：World Wide Fund for Nature）の報告によれば、世界中の人が日本人と同じ生活をすると仮定すると、地球2.9個分の資源が必要であるという[注1]。果たして、地球3個近くの資源を消費する日本人の価値観を前提に策定されている自治体の政策で、2030年に持続可能な未来が訪れるだろうか。

　身近な商品を例に、社会や環境といった経済以外の側面から考えてみよう。あなたが毎日仕事で使っているパソコンはどこの誰が作っているかご存知だろうか。パソコンが作られてから廃棄されるまでの長いサイクルをSDGsのメガネで見ると、様々なことが見えてくる。生産地の工場で、労働者の人権を無視した業務体制や、児童労働が行われていないだろうか。

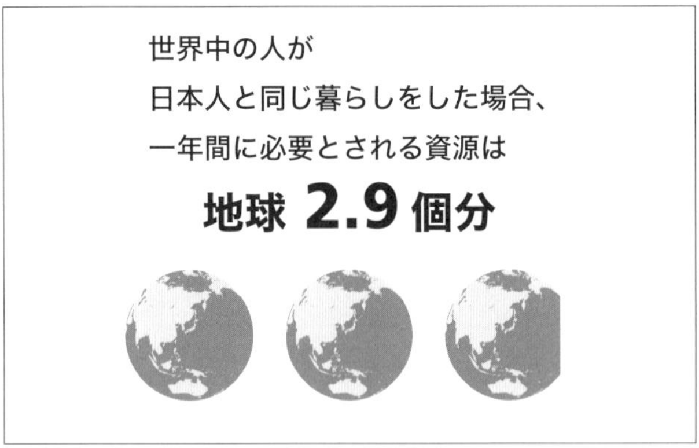

世界中の人が
日本人と同じ暮らしをした場合、
一年間に必要とされる資源は

地球 **2.9** 個分

図表5　私たちが使う資源は地球1個分にとどまらない
(出典：WWF「日本のエコロジカル・フットプリント2017最新版」を参考に筆者作成)

小売店で梱包される際に過剰な包装資材を使っていないだろうか。廃棄の際にリサイクルしやすい工夫が施されているだろうか。

　このように単に「売れれば良い」という考え方だけでなく、商品の生産から廃棄に至るまでの幅広い段階で、環境や社会への細かい配慮の積み重ねが必要である。「環境や社会に配慮して、経済を蔑ろにしよう」と言っているわけではない。SDGs は、「社会や環境に配慮することで、経済を発展させよう」という考え方への転換を求めているのだ。

　すでにご紹介した「SDGs ウェディングケーキ」（p.20 参照）にあるように、経済発展の前提には、社会や環境の安定という土台が必要だ。企業であれば、これまでのように売り上げの向上のために効率化を図ることだけではなく、社会や環境に配慮した商品を生み出すことで、それを付加価値として、商品の価値を高め、売り上げを伸ばし、経済を発展させるという新たなビジネスモデルを作り出すことが求められている。自治体でも、環境部門が環境だけに焦点を当てるのではなく、経済や社会の側面に好影響を与えられるような政策を検討していくことが必要だ。もしも、環境を優先するために、経済や社会の側面に負の影響を与えてしまうならば、その影響を最小限に抑えるような観点で、政策形成に取り組むことが求められている。

　世界中の様々な分野の 17 目標で構成される野心的な目標「SDGs」の達成という人類史上類を見ないムーンショット型のアプローチによって、私たちは、これまでの「経済発展 VS 環境・社会への配慮」という対立から「環境・社会への配慮＝経済発展」の共存共栄に向けた機会を手にしていると言えよう。

■社会の仕組みを「まるっと変える」視点で考えよう

　こうした目標設定と、その実現は決して夢物語ではない。あなたが働くオフィスで、タバコをモクモクと燻らせて仕事をしている職員はいるだろ

うか。分煙・禁煙がスタンダードになった現代では、そんな職員がいる職場は激減した。それでも昭和から平成に変わる頃、電車には当然のように灰皿が設置されていたし、テレビドラマのワンシーンには会社のオフィスで煙草を吸うのが当たり前のような光景も見られた。飛行機が全面禁煙になったのも、1999年のことだ。20年あれば、世間の常識は大きく変えることができるという象徴的な例だろう。

　そして、こうした変革の萌芽は、2019年現在も街中にあふれている。キャッシュレス化の流れは急激に進み、やがては現金で日用品を購入していたことも過去の話になるかもしれない。SDGsの観点から、このような社会システムの変化を伴う「変革的な」政策や施策を考えてみると、ワクワクする職員もいるのではないだろうか。

　それでは、このようなムーンショット型のアプローチによる目標設定や課題解決をした自治体は、これまで日本になかったのだろうか。もちろんムーンショットやバックキャスティングという言葉を使ってはいなくとも、そういった自治体はある。本書では、2018年のジャパンSDGsアワードに入賞し、SDGs未来都市にも選定された大崎町の事例をご紹介したい。

ケーススタディ

野心的な目標設定で環境政策を軸にした地域循環をつくる

———————— 大崎町（鹿児島県）

■ 資源リサイクル率 12 年連続日本一の町

鹿児島県の東南部、大隅半島の東側に位置する大崎町は、人口約 13000 人、約 6700 世帯^(注2) が暮らし、農業を主幹産業とする豊かな自然に囲まれている。県庁所在地の鹿児島市からは 70km ほど離れているが、空の玄関口である鹿児島空港からは、車で 1 時間ほどの距離にある。大崎町は、マンゴーや養殖ウナギといった特産品を活かし、2015 年度のふるさと納税額ランキングでは町村の枠組みで日本一に輝くなど、財務面での持続可能性に対する意識も非常に高い。

こうした特徴を持つ大崎町は、資源リサイクル率が 80％を超え、12 年連続日本一を達成している。この大崎町の廃棄物処理の仕組みは「大崎システム」と呼ばれ、SDGs の文脈でも国内外から注目を集めており、2018 年末に開催された第 2 回「ジャパン SDGs アワード」で、副本部長（内閣官房長官）賞を受賞し、2019 年度の SDGs 未来都市・自治体 SDGs モデル事業にも選定されている。

■ 常識を超えた目標を設定し、町民とともに実現

このように、大崎町は今でこそリサイクル率の高さで国内外から注目されているが、その発端は深刻な課題から始まっている。

大崎町は、1990 年代まで隣接する志布志市と一部事務組合^(注2) を設置し、志布志市内の埋立処分場にごみを埋め立てていたが、埋立処分場が満杯になってしまうタイムリミットが数年後に迫っていた。1990 年代当時、埋立処分場の期限

	選択肢	必要なコスト負担	主な課題
1	焼却炉の建設	・建設費用 ・年間2億円の維持費	・高額な建設費 ・維持費の負担
2	新たな埋立処分場の建設	・土地取得費用 ・整備費用 ・年間9000万円の維持費	・周辺住民の反対 ・新たな土地が見つからない
3	既存の埋立処分場の延命化	・年間9000万円	・埋立ごみの大幅な削減

図表6　当時、大崎町で考えられた3つの選択肢

は2004年と考えられており、大崎町に残されていた選択肢は3つしかなかった（図表6）。

1つ目の選択肢は、焼却炉の建設である。その建設費については、国から半額程度の補助金を得られることもあり、多くの自治体はこの選択肢を選ぶ。しかし、大崎町と志布志市の担当者は、建設後の維持費を大きな課題と捉え、焼却炉の建設を断念している。実際に当時の大崎の人口で概算すると、維持費として毎年2億円近い費用を要すると考えられた。それまで大崎町の廃棄物処理にかかる経費は年間約9000万円だった事情もあり、諦めざるを得なかったのである。

2つ目の選択肢は、新たな埋立処分場の建設である。生ごみ等の有機物から発生したガスによる臭気に加えて、カラスやハエが群がる埋立処分場は、近隣住民にとって、文字通りの「迷惑施設」だった。そのため、この選択肢を近隣住民に受け入れてもらえるはずもなく、また代替となる十分な土地も見つからなかった。

残された3つ目の選択肢は、せめて2004年までは埋立処分場を延命できるよう、ごみの減量化に着手することだった。しかし、すでに埋立許容量の限界に近づいている処分場の延命は、徹底的な再資源化を行わなければならないため、最も現実から離れたムーンショット型の目標だったのである。

■行政の工夫と住民の協力が生んだ「大崎システム」

すでに数年の残余年数しかない埋立処分場を10年近く延命することは、一般

的に見ると常識外れな目標設定で、その達成に向けては、いくつもの変革的な工夫が必要だった。そのため行政は、この目標を達成するために、行政と住民それぞれができることを考え抜いている。

　まず、行政は、収集する廃棄物の出口（最終処分先）の確保や、回収日、回収時間、回収場所、ごみ収集車の収集ルートの決定、実際にごみ収集所で住民のごみ分別指導にあたる地域リーダーを養成する機会の提供、実際に埋立処分場の現状を見に行く環境学習会の開催などの役割を担う。1990年代後半は、容器包装リサイクル法(注3) の施行と同時期だったため、住民にも徐々に知られるようになっていた「リサイクル」という言葉を用いながら、ごみ処理の現状を住民に共有し、「このままのごみ回収の方法では、埋立処分場が溢れてしまう。細かな分別回収に協力してごみを減らしてくれないか」と、家庭ごみを減量化する必要性について根気強く住民に説明し、少しずつ理解を得ながら、分別回収を開始した。

　一方で、住民は、家庭や事業所でごみを分別すること、ステーションと呼ばれる回収場所で、分別をしながらごみを捨てるという役割を担っている。実際に筆者も早朝からステーションでの分別回収に立ち会ったが、非常に細かい分別品目であるにもかかわらず、住民が丁寧に取り組んでいた姿が印象に残っている。

　ごみの収集にあたっては、それぞれの地区で衛生自治会と呼ばれる住民組織が結成され、地区ごとの収集日には、ステーションで各衛生自治会のリーダーが住民のごみ捨てに立ち会い、正確な分別ができるよう住民を支援している。彼らには年に一度、埋立処分場を見学してもらい、実際にごみで処理場が満杯になっている状況を目の当たりにしてもらうなど、行政課題の現実を共有している。生活と密接に関係するごみ収集は住民の協力が不可欠であるからこそ、課題や目標も共有する必要がある。また、分別回収を始めた当時、町役場は町内にある約150の地区で、のべ450回の説明会を開催したという。このような行政の地道な努力も成功への鍵となる。

　こうした過程を経て作り上げられた、徹底してリサイクルを行うごみの分別回収は「大崎システム」と呼ばれ、国内外から注目を集めている。

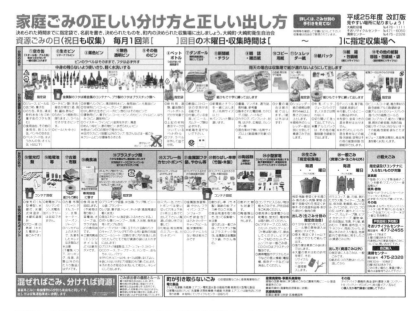

図表7　大崎町の家庭ごみ分別表 （出典：鹿児島県大崎町ウェブサイト）

■徹底した分別回収から始めるエネルギーの地域循環

　実は、大崎町のごみの分別は27品目にわたる（図表7）。なんと「割り箸」も
1つの品目になっており、瓶も「茶びん」「無色びん」「生きびん（業者に回収さ
れるリターナブル瓶）」「その他びん」と4品目に分けられている。

　27品目を、住民は月に一度、地区ごとに決められた時間にステーションに持ち
込んで回収してもらう仕組みになっている（図表8）。重要な点は、生ごみを分け
ることだという。生ごみが混ざると、その体積が大きいので回収の負担になるば
かりか、特有の臭気が住民の分別しようとする意識を妨げるからだ。

　大崎町は、ごみの回収段階から、民間企業である「そおリサイクルセンター」
に業務を委託している。ごみ収集トラックは、同じ品目だけを回収することで、
リサイクルセンターで再度分別するという手間を省くなど、企業特有の効率性を
考えた工夫も数多く見られる。回収されたごみは同センターで検査され、資源と

図表 8　ステーションでの分別の様子（左）と、インドネシアからの訪問団に分別の方法を説明する住民環境課・松元昭二さん（右）

して出荷される。

　例えば、生ごみは堆肥化され、「おかえり環ちゃん」と名付けられた肥料として菜の花畑の栄養となり、同町特産の純国産の菜種油「ヤッタネ！菜ッタネ！」に姿を変えて商品化される。また、この菜種油は回収トラックの燃料にも使用され、循環型の地域システムが構築されている。このような大崎町と衛生自治会の取り組みは、環境面の大きな貢献が認められ、平成 27 年度循環社会形成推進功労者大臣表彰で環境大臣賞を受賞した。

■住民の協力を得た仕組みだからこその成果

　大崎システムの成果は、目に見える形で明らかになっている。

　埋立処分場の耐用年数は、1990 年から 2004 年の間だったが、2019 年現在も使用しており、さらに 40 年以上の間、使用できる見込みだという。また、大崎町における 1 人当たりの年間ごみ処理経費は 7000 円代で推移しており、全国平均の半額以下だ。全国各地で焼却炉を抱える自治体は、リサイクル率が下がってしまい、大崎町の 80％を超えるリサイクル率とは対照的に、全国平均は約 20％で推移している。「大崎システム」による行政コストの削減効果は高く、年間 1 億円以上を削減しているという。

　ムーンショット型の高い目標設定に対して、町役場職員の情熱と住民の協力で

見事に実現していることがお分かりいただけるだろう。実際に日常生活に欠かせない「ごみ捨て」で徹底した分別回収を行うことは住民の負担も大きく、住民環境課・松元昭二さんが「まちの主役である住民の協力が成功の理由」と語るのもうなずける。

■ 環境分野にとどまらない好影響の連鎖

それでは、この「大崎システム」を中心としたまちの取り組みを、大崎町はSDGsの文脈でどのように捉えているのだろうか。

そもそも、主に環境の文脈で推進されてきた大崎町の動きに、SDGsという新たな視点が加わったのは2018年8月のこと。独立行政法人国際協力機構（JICA）の森田晃世さんからのアプローチがきっかけだ。現在、森田さんはJICAの人事部付国内研修生であり、大崎町総合戦略推進監として、同町のSDGs戦略を積極的にリードしている。森田さんは、前述の第2回「ジャパンSDGsアワード」で評価された点に「リサイクル事業を進める中で、住民がステーションに集まることで、高齢者や定住外国人がコミュニケーションをとる機会となって、多文化共生コミュニティを形成していることなども関係している」と語る。つまり、大崎町が培った大崎システムをSDGsの枠組みで捉え直したことで、これまでの環境分野への貢献に加え、地域の社会や経済にも好影響があると再認識されたのだ。

東靖弘町長も「ステーションは、住民同士のつながりを強める場としての機能も果たしている」と社会的な側面での効果を感じているという。経済的な側面で言えば、40名の雇用を生み出す「そおリサイクルセンター」自体が新たな産業であり、その技術は、JICAとの連携により、インドネシアのジャカルタ特別州をはじめ海外に輸出されて新たな展開を迎えている。

また、「大崎システム」によって、削減されたごみ処理コストは、地域の衛生自治会に活動費として還元されるほか、「大崎町リサイクル未来創生奨学金制度」などの行政サービスとして住民に新たな機会を提供している。大崎町は、大崎システムを切り口として、経済・社会・環境の三側面に好影響の連鎖を生んだ取り組みを循環型地域経営モデルとして体系化し、SDGsの達成に向けて取り組んでいるのである。

■ 成果ではなく、課題の共有が成功への鍵

こうした SDGs の文脈で受ける評価に、同町企画課長の中野伸一さん（図表 9）は「『混ぜればごみ、分ければ資源』を合言葉に、行政と町民が一体となって取り組んできた結果です」と語る。

現在、大崎町では、Reduce（ごみの減量化）・Reuse（再利用）・Recycle（リサイクル）の 3R に、Refuse（ごみになるものを受け取らない）を加えた「4R」をごみ分別の鍵と位置づけ、

図表 9　これまでの「大崎システム」の経緯をよく知る企画課長の中野伸一さん

これまでと同様に住民へ協力を要請している。

SDGs ゴール**9**「産業と技術革新の基盤をつくろう」に関連する ICT の活用にも積極的で、衛生自治会では、スマートフォンやタブレット端末にダウンロードできる「大崎町ごみ分別アプリ」の運用を 2017 年 10 月から開始している。このアプリを活用すれば、ごみの分別方法や、ごみ出しの曜日も手軽に確認することが可能だ。

また、大崎町の広報誌「広報おおさき」では、企画調整課広報観光係の若手職員のアイディアで、2019 年 5 月から SDGs のゴール解説が連載されている（図表 10）。こうした町役場職員の自主的な動きも加わって、少しずつ SDGs もまちに浸透し始めている。

大崎町に限らず、ムーンショット型の野心的な目標を設定し、その解決に住民の力が不可欠であるならば、行政が住民に「まちの課題を共有する」ことは非常に重要である。なぜなら、現実のまちの姿を住民が認識する機会がなければ、課題意識を持つことは容易でないからだ。

行政として、住民からの信頼を得るために、自分たちの苦手なことや課題を共有することはせず、成果ばかりを強調してはいないだろうか。個別の課題であれば、行政だけで取り組むこともできるかもしれないが、17 ある SDGs のゴールが

カバーする領域は幅広く、その達成には、まちに関わるすべての人の協力が求められる。まずは、行政が抱えているまちの課題を住民に共有し、まちを挙げて目標や解決策を考えて行くことが、SDGsの実現に向けた大きな一歩になるだろう。

図表 10 「広報おおさき」2019 年 3 月号の表紙（左）と、同年 6 月号の誌面（右）
（出典：大崎町ウェブサイト）

COLUMN │ 目標をベースにした 国際社会の 新たなガバナンス手法

　本書で焦点を当てているのは自治体や地域だが、グローバルな枠組みである SDGs の対象範囲である国際社会の背景もご紹介したい。

　SDGs 研究の第一人者である慶應義塾大学の蟹江憲史教授によれば、多国間が交渉を重ねる外交の場では、これまで条約や協定を積み上げて目標を達成するというアプローチが採られてきた[注4]。すなわち、各国の法的な枠組みを国際交渉の場で擦り合わせながら、国際社会で共通する新たなルールを作り上げることで課題解決に向けて取り組んできた。

　しかし、SDGs はこうしたルール作りから目標にアプローチするのではなく、野心的・理想的な目標の提示からスタートし、その達成のための具体的なアクションや政策を考えていく。また、SDGs の進捗は指標により計測されるので、状況は各国レベルでモニタリング（観測）されるが、指標の数値を達成することに法的拘束力があるわけでも、まして未達による罰則があるわけでもない。それでも、各国の数値が公表されることで「隣の国がこんなに良い数値を出しているならば、我が国も取り組まなければならない」と競争原理が働き、結果的に達成に向けて各国の動きが加速される。蟹江教授は「こうしたアプローチは、これまでのグローバルガバナンスでは見られなかった」と述べている[注4]。

　この競争原理は自治体でも見られ、特定の課題解決を図ろうとする際に、近隣市町村や先進自治体の状況把握に努める局面は多いはずだ。ただしこれは裏を返せば、近隣自治体と足並みを揃えてしまう傾向にあるので、立案した施策が本当に課題を解決しているのかの見極めは必要だ。

COLUMN | SDGs "18番目" のゴール

　SDGs は非常に幅広い分野の課題を包括的に含んでいるが、すべての課題を網羅しているわけではない。そこで、17 のゴールに加える形で 18 番目のゴールを作るという発想もある。

　東南アジアのラオスがその一例だ。ラオス国内には、ベトナム戦争時に投下された爆弾が不発弾となって多数地中に埋まっている。その数は今なお約 8000 万個に及ぶと推定されているが、これまでに除去された数は約 130 万個（約 1.6％）に過ぎない。不発弾の存在は、人々の生活に影響を与え、国内の農地拡大やインフラ開発の阻害要因となっている。ラオス政府は、こうした現状を踏まえ、18 番目のゴールとして「Lives safe from UXO（不発弾のない安全な生活（※筆者訳））」を掲げている（図表 11）。

　世界人口は急速に増加しているが、一方で日本は人口減少によって少子高齢化や過疎化といった課題に直面している。日本特有のアプローチとして、このような課題が解決された姿を 18 番目のゴールとして設定することも工夫の 1 つだ。SDGs が遠い世界の話のように感じられるならば、あなたのまち特有の課題を 18 番目のゴールにして、SDGs をまちに引き寄せてはいかがだろうか。

図表 11　ラオスが設定した 18 番目のゴール
（出典：United Nations Lao PDR "SDG 18: Lives safe from UXO"）

注

1. 2019 年 6 月 1 日現在。
2. 一部の行政サービスを複数の市町村が連携して実施するために設置するもの。地方自治法第 284 条 2 項に定められている。
3. 家庭から出るごみの 6 割（容積比）を占める容器包装廃棄物を資源として有効利用することにより、ごみの減量化を図るための法律。2000 年に完全施行された。
4. 蟹江憲史（2017）「持続可能な開発目標とは何か 2030 年へ向けた変革のアジェンダ」pp.1-20、ミネルヴァ書房

参考文献

1. United Nations Lao PDR「SDG 18: Lives safe from UXO」
   http://www.la.one.un.org/sdgs/sdg-18-lives-safe-from-uxo （最終アクセス日：2020 年 1 月 16 日）
2. 外務省ウェブサイト「ラオスに対する無償資金協力「南部地域における不発弾除去の加速化計画」に関する書簡の交換」、平成 30 年 10 月 8 日
   https://www.mofa.go.jp/mofaj/press/release/press4_006559.html
   （最終アクセス日：2020 年 1 月 16 日）
3. 鹿児島県大崎町公式ウェブサイト
   https://www.town.kagoshima-osaki.lg.jp/ （最終アクセス日：2019 年 7 月 7 日）
4. 内閣府ウェブサイト「令和元年度『SDGs 未来都市』等の選定について（令和元年 7 月 1 日記者発表資料）」
   https://www.kantei.go.jp/jp/singi/tiiki/kankyo/teian/2019sdgs_pdf/sdgsfuturecitypress0701.pdf
   （最終アクセス日：2019 年 7 月 7 日）
5. 蟹江憲史（2017）『持続可能な開発目標とは何か〜 2030 年へ向けた変革のアジェンダ』pp.1-20、ミネルヴァ書房
6. 法律「容器包装リサイクル法」経済産業省ウェブサイト
   https://www.meti.go.jp/policy/recycle/main/admin_info/law/04/index.html
   （最終アクセス日：2019 年 10 月 26 日）
7. 北野宏明「Moonshot 型の研究アプローチの本質とは」SONY ウェブサイト
   https://www.sony.co.jp/SonyInfo/Jobs/singularityu/interview03/
   （最終アクセス日：2020 年 1 月 16 日）
8. WWF「日本のエコロジカル・フットプリント 2017 最新版」
   https://www.wwf.or.jp/activities/lib/lpr/20180825_lpr_2017jpn.pdf
   （最終アクセス日：2020 年 1 月 16 日）

STEP 2·2

STEP 3

アウトサイド・インの視点で SDGs を自治体戦略に 統合する

STEP 2 では、SDGs のゴールやターゲット同士のつながりを示す「イン
ターリンケージ」（SCENE 1）と、実現したい目標を明確に定めてから逆
算して実現までのプロセスを検討する「バックキャスティング」（SCENE
2）について説明した。こうした SDGs の特徴を頭に入れたところで、もう
一度考えてほしいことがある。

　SDGs の意義や基礎知識を理解し、さらに地域課題の分析や、目標設定
をする上での姿勢がつかめたとして、では具体的にどのように、所属する
自治体が掲げる既存の政策との折り合いをつけていけばよいだろうか。本
章では、総合計画をはじめとした自治体の戦略を SDGs に「対応させる」
のではなく、「活用する」アプローチをご紹介したい。

SDGs「で」整理し、点検しよう

■ゴール達成に貢献している政策を見つける

　まずは、これまで自治体が取り組んできたことを SDGs の枠組みで整理
してみよう。すると、これまで自治体が取り組んできた政策や施策の中に、
SDGs の目標達成に貢献しているものがあることに気づくはずだ。

　例えば、自治体がしばしば主催して市民に参加を呼びかける「清掃キャ
ンペーン」という取り組みを、改めて SDGs の視点で見直してみる。そこで、
「市内を美化すること」や「ゴミの落ちていない地域にすること」が清掃の
目的であると参加者に示されていたところに、SDGs の視点を加えるとど
うなるだろうか。

　ゴール**14**「海の豊かさを守ろう」を達成するために策定された**ターゲッ
ト 14.1** には「海洋に浮かぶプラスチックごみを大幅に削減する」という手
段が明示されている。この視点から見れば、海洋に流れ出る前にペットボ
トルやレジ袋といった身近なプラスチックごみを回収していれば、自治体
による市内の清掃キャンペーンは、SDGs の**ゴール14**の達成に貢献してい

マイルストーンの設定

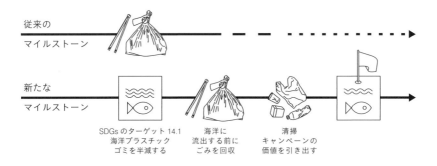

図表1　SDGs の枠組みで整理し、見直す

ると言ってよいだろう。

　内陸部の自治体も例外ではない。利根川や淀川といった一級河川には上流に位置する多くの支流から水が流れ込んでおり、支流にも身近な用水路などから水が流れ込んでいる。道路に捨てられたペットボトルが雨風によって用水路に流れ出たならば、支流や本流を通じて海に達してしまう可能性がある。つまり、海洋プラスチックごみの発生を未然に防ぐという価値が、潜在的に自治体の清掃キャンペーンに含まれていると考えられる。

　このように、清掃キャンペーンの目的を「市内の美化」から「海洋プラスチックごみの発生抑制による SDGs 達成への貢献」、ひいては「持続可能な世界の実現」というように上位概念となる目標を示し、社会的意義を高めることで、参加者の意欲の向上につながる効果も期待される。自分がこれまで見ていた視点よりも、1つ上のレベルで考えることは「メタ思考」と呼ばれ、近年注目されている。メタ思考には自分が成長するための「気づき」を得られたり、思い込みや思考の癖から脱することができたり、気づきや思考の広がりによって創造的な発想ができたりする効果があると言

われている（細谷 2018）。

　国連グローバル・コンパクト等が発行している「SDG Compass」では、外部（アウトサイド）の視点である社会的なニーズをもとに、政策や取り組みを見つめなおすアプローチを「アウトサイド・イン」と呼んでいる。こうしたアウトサイド・インを援用して、SDGs という外部の価値観で、現行の政策・施策を整理し直すことにより、もともとその政策・施策が内包していた価値を再認識することができる。

■ グローバル視点のターゲットを自分たちの地域で読み換える

　STEP 2 の「課題をシステム思考で考えるワークショップ」では、あくまで導入として、ゴールのアイコンから連想されるものを自由に貼り付けるワークを紹介した。しかし、実際に SDGs を用いて目標を設定する際には、169 あるターゲットまで具体的に確認することが必要なのだ。

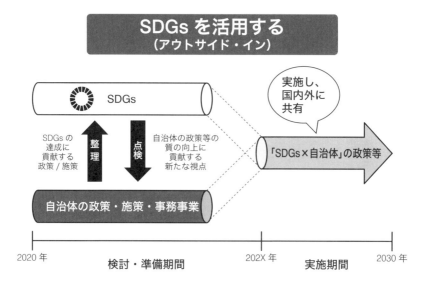

図表 2　SDGs と自治体の政策の関係

「えー、169 もあるターゲットを確認するの…」とため息をついてしまうかもしれないが、「急がば回れ」という諺があるように、丁寧に確認していく方が SDGs を活用していくためには得策である。

この確認作業でも、先ほど紹介した「アウトサイド・イン」のアプローチを用いることで、SDGs というグローバルな視点から、自治体の現状を点検して不足している点を炙り出し、解決策を検討することができる。序章で説明したように、そもそもターゲットは、ゴールを達成するまでの道のりに置かれたマイルストーンのようなものだ。ターゲットには、目標年限や実施手段、目指す成果が書かれているものが多い。これらを援用し、現行の政策・施策の質を向上させるのだ。

STEP 2 で触れた、**ゴール11**「住み続けられるまちづくりを」と、**ターゲット 11.5**「2030 年までに、貧困層及および脆弱な立場にある人々の保護に焦点をあてながら、水関連災害などの災害による死者や被災者数を大幅に削減し、世界の国内総生産比で直接的経済損失を大幅に減らす」を例に挙げると、次のようになる。

- 2030 年までに（目標年限）
- 貧困層および脆弱な立場にある人々の保護に焦点をあてながら、水関連災害などの災害による死者や被災者数を大幅に削減し（実施手段）
- 世界の国内総生産比で直接的経済損失を大幅に減らす（目指す成果）

■読み換えたターゲットのスケールを捉え直す

それでは、このターゲットを自分たちの自治体のスケールで捉え直してみよう。例えば、目指す成果については「災害に起因する市内の経済的損失を大幅に減らす」と、実施手段については「貧困層および脆弱な立場にある人々の保護に焦点をあてながら、市内の水関連災害などの災害による死者や被災者数を大幅に削減する」などと読み換えることができるだろう。

なお、こうした「アウトサイド・イン」による目標の確認を行う際には、手

始めにいくつかの優先課題に絞って試行することを勧める（p.70 参照）。

　次に、ターゲットの進捗を測る指標が実際に自治体でも活用できるか検討していこう。先ほどの**ターゲット** `11.5` であれば、指標11.5.1「10万人当たりの災害による死者数、行方不明者数、直接的負傷者数」を読み換え、「市内における災害による死者数、行方不明者数、直接的負傷者数」を指標にして、どのようにこれらの数値を減らすことができるか、その方策を考えて行くという順序だ。

　自治体の場合、こうした計画に係る業務は、総合計画の見直しのタイミングで議論されることが多いだろう。SDGs と同様に広範な分野を扱う総合計画で、すでに策定されている防災関連政策・施策が、169 ある SDGs のターゲットや、重複を除き 232 ある指標で示された成果の達成に資するものか確認することから始める。

■ 実際に自治体の施策で考えてみる

　2019 年度 SDGs 未来都市に選定されている川崎市（神奈川県）が定めた「川崎市持続可能な開発目標（SDGs）推進方針（以下、SDGs 推進方針）」を例に説明しよう。

　川崎市は、総合計画を着実に実施していくことで、SDGs の達成に寄与するという姿勢を表明し、その中で、SDGs 推進方針を総合計画と連動させながら、SDGs 達成に向けて寄与していくとしている。

　具体的な取り組みの 1 つとして、現行の総合計画ですでに策定されている 23 の政策、73 の施策と、SDGs のゴールやターゲットとの対応が明らかにされている（図表 3）。

　例えば、「災害から生命を守る」という政策では、実施計画における施策の方向性と関連する事務事業がリストアップされており、施策と対応する SDGs のゴール、およびターゲットが明らかにされている。**ターゲット** `13.1` は「気候関連災害や自然災害に対する強靱性（レジリエンス）および

川崎総合計画 第2期実施計画の施策と SDGs の対応（例）

政策 1-1 災害から生命を守る

施策 1-1-1 災害・危機事象に備える対策の推進

関連する事務事業	関連するゴール	関連するターゲット
● 防災対策管理運営事業	1 貧困をなくそう	1.5
● 地域防災推進事業		
● 防災施設整備事業	9 産業と技術革新の基盤をつくろう	9.1
● 公園防災機能向上事業	11 住み続けられるまちづくりを	11.5 11.7 11.b
● 本庁舎等建替事業		
● 港湾施設改修（防災・減災）事業	13 気候変動に具体的な対策を	13.1
● 海岸保全施設維持整備事業	17 パートナーシップで目標を達成しよう	17.17
● 水防業務		

図表3　既存の施策と SDGs のターゲットとのつながりを整理する
（出典：川崎市ウェブサイトをもとに筆者作成）

適応の能力を強化する」であるから、事務事業の中でこうした項目に対応した取り組みが実施されているのだろうと推察できる。

このように、まずは現状の政策や施策、そして事務事業が一体 SDGs のどのターゲットと方向を同じくしているのか確認・分析することが必要である。川崎市は非常に丁寧に SDGs と向き合っていることが伝わってくる。

■ SDGs をチェック項目に見立てて現行政策を点検する

次に、SDGs をチェックリストとして用いて、現行の政策や施策の質をさらに向上させたり、政策の効果を最大化したりできるような視点がないか点検していこう。SDGs のターゲットを見回し、できるだけ多角的に現行の政策・施策に反映できるものがないか検討してみよう。

例えば、SDGs **ターゲット** `10.2`「年齢、性別、障害、人種、民族、出自、宗教、あるいは経済的地位その他の状況に関わりなく、全ての人々の能力強化および社会的、経済的および政治的な包含を促進する」という視点は防災施策を考える上で、何らかの障がいを抱える市民や、日本語によるコミュニケーションが得意でない外国籍市民を主体にした災害対策を見直すことができるだろう（図表4）。

　事務事業の改善で言えば、SDGs の**ターゲット** `5.1`「あらゆる場所における全ての女性及び女児に対するあらゆる形態の差別を撤廃する」という視点から「女性が災害時に、性暴力などのジェンダーに基づく暴力を受けないよう、避難所のレイアウトを事前に検討しておく」といったことが具体的な対策として挙げられる。防災に限らず、庁内の会議における女性の参加者を確保し、視点が男性に偏らないように配慮するといった工夫が考えられるだろう。

　実際に、内閣府が東日本大震災の被災3県を対象に実施した調査[注3] で、生理用品や、子どものおむつといった防災備蓄用品に対する要望が、女性から多く寄せられている。もしも行政の防災部門が男性職員ばかりだった

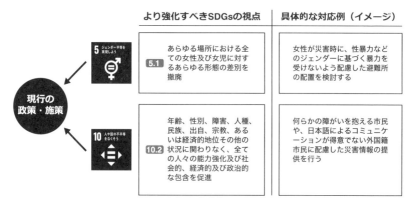

図表4　SDGs の視点から現状の施策に加える要素を検討

ら、こうした防災備蓄用品の必要性に気づくことができるだろうか。

　SDGs は、これまで私たちが見逃して来た「変えるべきこと」や「当た
り前だったことの大切さ」を気づかせてくれる道具として、住民のために
役立てることもできる。

　所管する業務によって整理された行政組織は、ときに「縦割り」と揶揄
される。当然、縦割りの組織体系にも長所と短所がある。STEP 2 にある
ようなインターリンケージを特徴とする SDGs の場合は、政策や施策の目
標設定や方向性の決定だけでなく、課題解決に向けた手段を検討するにも、
庁内の組織構造にとらわれすぎずに取り組んでいくことが求められる。

　本章では、こうした SDGs の特徴を活用して、目標達成のために相乗効
果を発揮させながら、部局や課の垣根を越えた取り組みを生み出すための
ワークショップ手法を紹介する。

主体同士の相乗効果を引き出そう

目　　　的：多様なステークホルダーによる課題解決手法の検討
キーワード：シナジー（相乗）効果、インターリンケージ
目 安 時 間：20分

■ 座席レイアウト
● 最低2人組を作れるような配置

■ 準備する物品
● マンダラート（A3サイズが好ましい）
● 水性サインペン（裏うつりしないもの）

図表5　各種準備物

先ほどのワークショップで
レバレッジポイントとして
選んだテーマを使います

　まずは、前項の「課題を整理するワークショップ」の 手順2 で出された意見の
グループから、最も大きな変化を起こせる重要な要素（レバレッジポイント）と
して選ばれたグループのキーワードをマンダラートの中央に記入する。このワ
ークショップは、個人で行っても良いし、話し合いながら書き込むと意見が出や
すいので、2人組で行っても良い。

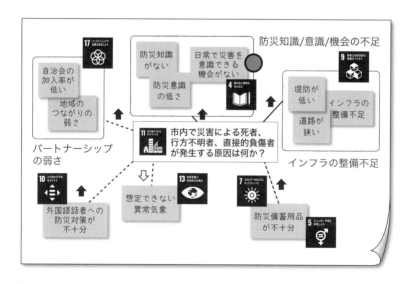

図表6　細分化する問題（原因）を選択する

問題を課題に変換し、マンダラートに記入する ——————— 目安 3 分

　今回は「地域防災力の向上」というアイデアを例として説明しよう。

　マンダラートの中央に記入する際には、問題（＝発生している事象）から課題（＝解決すべき状態）に表現を変えて記入する。例えば「パートナーシップの弱さ」という問題であれば「パートナーシップの強化」にすると課題になる。「防災知識や機会の不足」という問題であれば、「地域防災力の向上」という包括的な言葉に書き換えるといった要領だ。

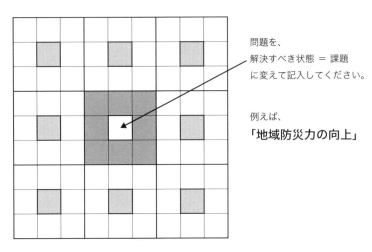

図表 7　マンダラートの中央に課題を記入する

手順3　解決手段を検討する　目安5分

次に、中央のマスに記入した課題の解決策となる手段を周囲のマスに記入していく。

図表８の例では、「地域防災力の向上」という課題に有効な手段として、どこの地域が水害の被害を受けやすいのかといった状況を示す「ハザードマップの作成・利活用」が解決策になるのではないかといったアイデアや、防災アプリを開発して住民がスマートフォンで情報を得られるようにするといった手段、小中学校で防災教育を実施して幅広い年代の防災意識を向上させるといった手段などが記入されている。このアイデアを出していく際にも、ブレインストーミングの基本である「自由な発想」は非常に重要で、行政の枠に縛られないアイデアを出すことが推奨される。

この手順は概ね５分程度の時間を設けて、８マスすべてを埋められなくてもよいが、１マスでも多く埋められるように参加者に促してほしい。

防災勉強会の開催	ハザードマップの作成・利活用	防災アプリの普及
図上訓練の開催	地域防災力の向上	防災訓練の実施
		小中学校で防災教育

課題を解決するため
有効な手段を記入してください。

例えば、
ハザードマップの作成

図表８　マンダラート中央の課題を解決する手段を検討する

手順 4 　解決手段の解像度を上げる ──────────── 　目安 5 分 × 2 ＝ 10 分

　次に、先ほど 8 マスに記入した手段のうち、深めたい意見を、さらに周囲のマスに書き写す。今回は「ハザードマップの作成・利活用」を例にして説明しよう。

　まず、先ほどと同じように、3 × 3 のマス目の中央に記入したアイデアを実現するために必要なアクションを考えていく。その際に、自分が所属している部署でできることを記入していく。もし、あなたが市役所の窓口で市民の転出入等の手続きを担当する市民課の職員だとしたら、「転入者にハザードマップを配布する」といった要領で、予算を確保できていなくてもできることも視野に入れてアイデアを書き出そう。その際に、アイデアを所管する自分の所属課も併記しておこう。

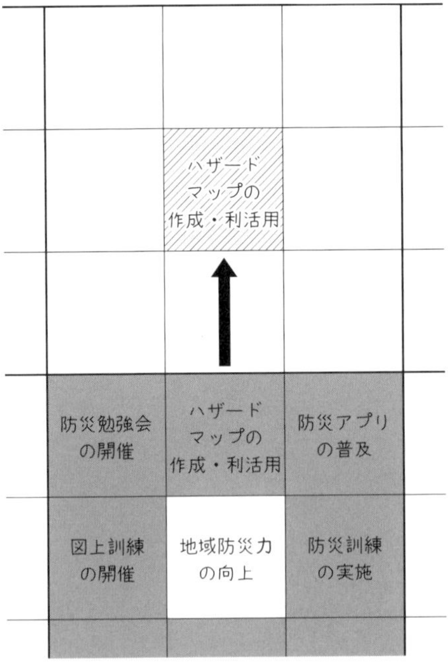

グレーのマスに書かれた手段を
それぞれ斜線のマスに
書き写してください。

図表 9 　マンダラート中央の課題に対する解決策から 1 つを選び、深掘りする

ポイントは、ハザードマップの作成・利活用を推進することが、自分たちの仕事に良い影響を与えるような手段を優先的に考えることだ。例えば、「自然災害が増えていることもあり、転入者が来庁した時に、ハザードマップの配布場所を尋ねてくることが多い。それなら、はじめからゴミ捨てカレンダーなどと一緒に配布する方が、市民サービスの向上につながるのではないか」などのように考えられると理想的である。もちろん、「危機管理課が配布すべきかもしれないけれど、自分たちの部署で配布してあげよう」と、ボランティア精神で取り組むことは良いことだが、それでは担当者や所属長が異動した際に、なし崩し的に継続されなくなってしまうことも考えられるし、そもそも自分たちにメリットがない。できるだけ自分たちにも良い影響があるようなアイデアを見つけよう。もし見つからない場合は、巻末付録の「お助けサイコロ」(p.115 コラム参照) を用いて少しでも多くのメリットを見つけてみよう。

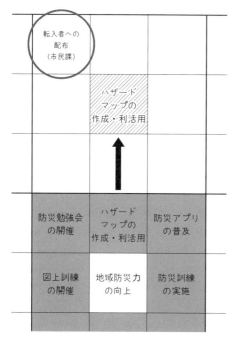

ご自身の所属する部署で
解決策の実現に向け、
できることを
書き出してください。

例えば、

**ハザードマップの作成後に
市民課の自分は
窓口で転入者に配布**

することができます。

図表 10　自分が所属する部署で出来ることを検討する

自分が所属する部署だけで解決策を実現させることができれば素晴らしいことだが、8つのマスをすべて埋めることは容易ではない。そこで、次は「ハザードマップの作成・利活用」の実現に向けて、他の部署ができること、他の部署にお願いしたいことを考えてみる。

　例えば、以前に所属したことのある部署でできることはないか考えてみるとアイデアが出やすい。仮に多文化共生課であれば、「ハザードマップの作成・利活用」にあたって、日本語に限らず英語、中国語、韓国語、スペイン語、ポルトガル語、クメール語など、外国籍住民の割合に応じて優先順位を付けながら、多言語版を発行することも考えられる。この時点で前述のワールドカフェを用いてグループで行えば、さらに幅広い意見を得ることができるだろう。

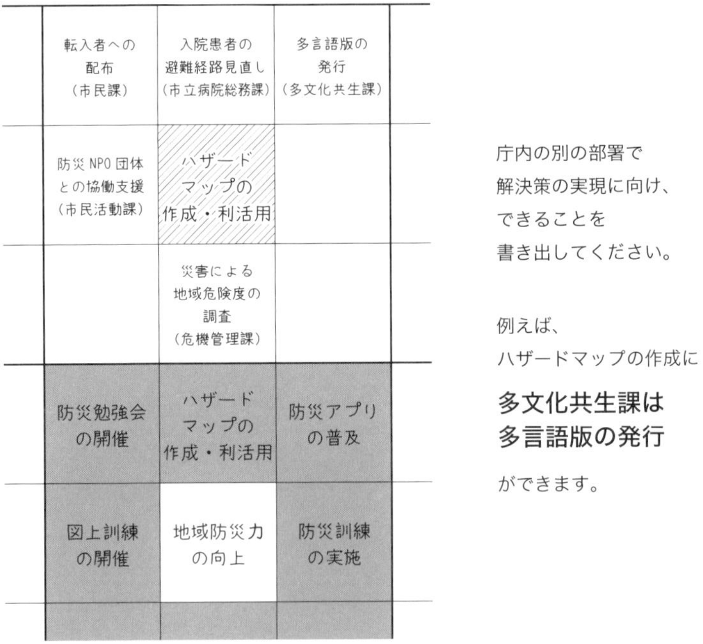

転入者への配布（市民課）	入院患者の避難経路見直し（市立病院総務課）	多言語版の発行（多文化共生課）
防災 NPO 団体との協働支援（市民活動課）	ハザードマップの作成・利活用	
	災害による地域危険度の調査（危機管理課）	
防災勉強会の開催	ハザードマップの作成・利活用	防災アプリの普及
図上訓練の開催	地域防災力の向上	防災訓練の実施

庁内の別の部署で
解決策の実現に向け、
できることを
書き出してください。

例えば、
ハザードマップの作成に

**多文化共生課は
多言語版の発行**

ができます。

図表 11　自分の所属している部署以外と、協力できそうなことを探す

ここまでのプロセスで、「ハザードマップの作成・利活用」の実現に向けて、行政ができることは出尽くしているかもしれない。次は、庁外に目を移そう。地域課題の解決は、必ずしも行政だけで進めなくても良い。むしろ、民間企業やNPO、定年退職後のシニア層、学生といった幅広いステークホルダーが加わることで、課題解決の可能性は高まる。ハザードマップについて言えば、地元テレビ局の防災情報番組を通じて、市民に活用方法を周知することができるかもしれない。

これまで行政は地域課題を自分たちだけの閉じた空間で解決しようと努力して来た。しかし、それだけでは課題は解決しないし、その課題はそもそも地域全体の課題なのだから、どんどん開いて解決策を見つけよう。「地域課題を行政で独り占めしない」「1つの部署で考えず、庁内、庁外と幅広く連携する」。それがSDGs時代の考え方である。

転入者への配布（市民課）	入院患者の避難経路見直し（市立病院総務課）	多言語版の発行（多文化共生課）
防災NPO団体との協働支援（市民活動課）	ハザードマップの作成・利活用	ハザードマップを活用したカードゲームの開発（ゲーム会社）
人工衛星を使った洪水被害予想（学術機関）	災害による地域危険度の調査（危機管理課）	タイアップした防災情報番組［地元テレビ・ラジオ局］
防災勉強会の開催	ハザードマップの作成・利活用	防災アプリの普及
図上訓練の開催	地域防災力の向上	防災訓練の実施

図表12　庁外の多様なアクターとの連携を模索する

行政組織の外と連携して
解決策の実現に向け、
できることを
書き出してください。

例えば、
ハザードマップの作成後、
地元テレビ・ラジオ局と
タイアップした
防災情報番組で
ハザードマップの周知や
活用ができるかもしれません。

COLUMN | マンダラートとは

　本章で紹介する「マンダラート」とは、1980年代に今泉浩晃氏が考案した9つのマス目を活用した発想手法である。

　3×3のマス目の中央に記入したテーマを対象に、その周辺の8つのマス目に解決手法などのアイデアを記入して発想をひろげていく。

　文字通り仏教の曼荼羅と同様に、蓮の花が咲くようにアイデアが広がっていくところが特徴だ。

　最近では、スポーツ選手が、今後の目標や解決を要する課題などを整理し、明確化しながら、目標達成に役立てようとしている事例がよく知れており、その用途は非常に幅広い。

図表13　マンダラートを用いたワークショップの様子

STEP
3

図表14には、巻末付録にある「お助けサイコロ」の6つの目をまとめている。行政機関の特徴として「できない理由を考える」というリスク管理の意識が非常に高い。税金をムダなく適切に使うという意味では良いことだが、時には「できる理由」を必死に探してみることで、自分の仕事の価値を高めることにもつながる。そうした思考のアプローチに慣れる意味でも、このワークショップは役に立つはずだ。

アイデアに行き詰まった時には、このサイコロを使って様々な角度から考え、ワクワクするような解決策を考えていただきたい。

	考える視点
1	共通して達成できそうな目標は何?
2	喜ぶ人がいるとすると、それは誰?
3	簡素化できそうな業務は何?
4	価値を高めることができそうな業務は何?
5	素早く結果を出せそうな業務は何?
6	予算を削減できそうな業務は何?

図表14　お助けサイコロのマス目

図表15　お助けサイコロの完成イメージ

課題解決によるトレードオフを分析しよう

目　　　的：解決手法の設定が引き起こす影響の可視化
キーワード：トレードオフ、インターリンケージ
目 安 時 間：60分（発表・共有の時間10分を含む）

　ここまで、実現に向けた取り組みに対して、自分の所属している部署を中心に、様々な部署や庁外のアクター同士が、それぞれのメリットとなる相乗効果を認識できるよう、ワークショップを進めてきた。
　ここからは、SDGsの切り口からチェックをすると、1つの課題を解決することによってどのような影響があるか確認していこう。

■ 座席レイアウト

- 模造紙を広げることができるサイズのテーブルを用意する
  （長机を2台つなげるとちょうど良いサイズになる）
- 各テーブルに5名前後で座席配置。その際、参加者の十分な発言の機会を確保するため、ひとテーブル当たりの着席人数が6名を超えないよう注意する
- 各テーブルは所属する部署がバラバラになるように設定

■ 準備する物品

- 模造紙（788 × 1091mm）
- 水性サインペン（裏うつりしないもの）
- 付箋（7.6cm × 7.6cm以上）
- SDGsのアイコン（国連広報センターのウェブサイトから印刷して貼付）
- 定規（あれば、ラインを引きやすい）

■ 事前準備

　先ほど出た取り組みをテーマとして、SDGs の 17 ある目標を図表 16 のように模造紙に書き込み、ゴールを貼り付け、達成できることと犠牲になることを付箋で貼りだしていこう。

　例えば、前項のアイデアであるハザードマップの作成・利活用という取り組みを進めると、SDGs のゴール**11**のターゲット **11.5** にある「2030 年までに、水関連災害などの災害による死者や被災者数を大幅に削減する」という部分の達成に貢献できるが、紙媒体のハザードマップを全戸配布する際に大量の紙やインクを使用する。すると、木材の伐採により生態系を犠牲にしてしまう可能性がある。

　この例は、非常に単純化したモデルであるが、自分たちが検討している手段に、どのようなネガティブ・インパクト、つまりマイナスになる要因が含まれているか、幅広い視点で確認しながら、最もバランスの取れた解決策を考えていくことが必要だ。

STEP 3

検討するテーマ：ハザードマップの作成・利活用

図表16　トレードオフを検討するためのフレームワーク

　それでは、実際に先ほどの「ハザードマップの作成・利活用」を事例に、この
フォーマットに当てはめて「達成できそうなこと」と「犠牲になりそうなこと」
を洗い出してみよう。

　このワークショップのコツは、「達成できそうなこと」と「犠牲になりそうな
こと」をセットで考えることだ。何かに取り組めば、その背後には同じ方向に向
かう効果（シナジー）と、反対方向に向かう効果（トレードオフ）が起きている
可能性がある。

　図表17を例にすると、ハザードマップを全戸に配布すると仮定すれば、**ゴー
ル1** に貼られた「脆弱な立場に置かれた人々も含めた災害の被害軽減」という正
の影響が想定できる一方で、大量の印刷に伴う「インクの使用による河川の汚染」
（**ゴール14**）や「電気等のエネルギーの使用」（**ゴール7**）といった影響が発生す

SDGsのゴール	1 貧困をなくそう	2 飢餓をゼロに	3 すべての人に健康と福祉を	4 質の高い教育をみんなに	5 ジェンダー平等を実現しよう	6 安全な水とトイレを世界中に	7 エネルギーをみんなにそしてクリーンに	8 働きがいも経済成長も
達成できること	脆弱な環境に置かれた人々も含めた災害の被害軽減			防災知識の獲得				
犠牲になること							電気等のエネルギーの使用	

検討するテーマ：ハザードマップの作成・利活用

	9 産業と技術革新の基盤をつくろう	10 人や国の不平等をなくそう	11 住み続けられるまちづくりを	12 つくる責任つかう責任	13 気候変動に具体的な対策を	14 海の豊かさを守ろう	15 陸の豊かさも守ろう	16 平和と公正をすべての人に	17 パートナーシップで目標を達成しよう
		災害による被害者の減少		自然災害による被害者の減少			適正な公的サービスへのアクセス	
				化石燃料等エネルギーの使用	インクの使用による河川の汚染	生態系への影響		

図表17　付箋で取り組みの特徴を可視化する

る可能性が予想されている。同様に**ゴール⓭**の中でも「自然災害による被害者の減少」という影響に反比例するように「化石燃料等エネルギーの使用」という影響が発生するのではないかと予想されている。

このワークショップでは、スマートフォンを活用したい。Googleなどの検索サイトでは、「画像」を検索できる機能がある。そこで「海洋プラスチック」や「食品ロス」といったキーワードを打ち込んで、写真を見つけてみよう。「日本の」という枕詞を付けて「日本の海洋プラスチック」や「日本の食品ロス」と打ち込むと、より身近に感じられる写真が検索できるかもしれない。こうした写真をもとに、さらに発想を広げていくのだ。

人間の脳は、論理を得意とする左脳と、ひらめきを得意とする右脳によって構成されていると言われている(注1)。この理論に基づけば、本来はトレードオフなどの論理的な思考は左脳が得意としている事柄といえる。しかし、一旦考えが行き詰ってしまうと、新たな発想は出にくくなってしまう。そこで、写真のようなイメージを利用して視覚的な刺激を右脳に与え、ひらめきを誘発して新たなアイデアを生み出そうというねらいである。いわば、思考が広がる「きっかけ」を提供するのが、この画像検索の役割だ。

国連開発計画（UNDP）駐日事務所のウェブサイト(注2)にアクセスし、SDGsのゴールについて、一つひとつ解説したページを開けば、各ゴールに紐づいたイメージ写真を閲覧することができる（図表18）。それを手掛かりにするのもよいだろう。

図表18　SDGsのゴールが示す内容と関連する写真
（出典：UNDP駐日事務所ウェブサイト）

手順2　回遊して共有し、アイデアを付け足す ───────────── **目安10分**

　ある程度各チームで意見が出揃ったら、「ワールドカフェ」に近い手法で、参加者が回遊しながら各班の説明を聞いて、学びを深めることも一案だ（図表19）。

　例えば、5人程度のグループで模造紙に書き出したアイデアに対して、一人を説明者として残し、ほかのメンバーは会場内を順番に回遊して、ほかのチームのアウトプットである整理表に意見を付け足していく。この時、説明者は順番に交代していくのがポイントだ。ほかのチームから得た意見を、別の色の付箋を貼っておくとレビューがしやすい。このように学び合いのプロセスは、新たな視点を得ることができる有効な手法だ。

図表19　各チームで新たな意見を追加

| 手順3 | トレードオフの影響を小さくする | 目安 20 分 |

　時間があれば、この表でブレインストーミングしたアイデアを少し深く分析していく。図表 20 のフレームワークを使って分析してみると、「ハザードマップの作成・利活用」によって、「達成できること」と「犠牲になること」が明らかになる。そこで、「犠牲になること」を少なくできないか検討することで、最もバランスの取れた解決策を考えていくことがねらいだ。

　例えば、ハザードマップを全戸配布するなど、広く市民に使ってほしいが、その作成には大量の紙やインクを使用してしまう。そうした影響がゴール**14**の犠牲になることの欄には「インクの使用による河川の汚染」や、ゴール**15**の「生態系への影響」という言葉で表現されている。そこで、「紙で配る」ことがこの原因になっているなら、「紙で配らない方法」を考えていく。「電子版の配布」のように、スマートフォンで確認できる電子版を紙版と並行して配布することで、環

SDGs のゴール	1 貧困をなくそう	2 飢餓をゼロに	3 すべての人に健康と福祉を	4 質の高い教育をみんなに	5 ジェンダー平等を実現しよう	6 安全な水とトイレを世界中に	7 エネルギーをみんなにそしてクリーンに	8 働きがいも経済成長も
達成できること	脆弱な環境に置かれた人々も含めた災害の被害軽減			防災知識の獲得				
犠牲になること							電気等のエネルギーの使用	

検討するテーマ：ハザードマップの作成・利活用

9 産業と技術革新の基盤をつくろう	10 人や国の不平等をなくそう	11 住み続けられるまちづくりを	12 つくる責任つかう責任	13 気候変動に具体的な対策を	14 海の豊かさを守ろう	15 陸の豊かさも守ろう	16 平和と公正をすべての人に	17 パートナーシップで目標を達成しよう
	災害による被害者の減少			自然災害による被害者の減少	電子版の配布！	電子版の配布！	適正な公的サービスへのアクセス	
				化石燃料等エネルギーの使用	インクの使用による河川の汚染	生態系への影響		

図表 20　トレードオフを最小化する検討を行う

境負荷を抑えていくという考え方だ（図表 20）。現状と対極にある考え方を模索しながら、これまでにない自由な発想をうまく活用してみよう。

　さらに、地図情報を用いた解析と組み合わせれば、「A という地域には高齢者の割合が高いという課題が発生しているため、紙媒体での配布方法を優先すべきだろう」というように、データに基づいたフィルターをかけることで、政策の策定につなげていくことも可能だ。何層にも及ぶフィルターを丁寧に重ねていくことで、SDGs の視点を活用した政策形成を実現する一助となるだろう。

COLUMN | トレードオフとは

　一方を達成しようと追求すると、他方を犠牲にせざるを得ないという状態を「トレードオフ（Trade-off）」という。

　こうしたトレードオフのある状況では、具体的な選択肢を洗い出し、良い影響（長所）と悪い影響（短所）を考慮したうえで、総合的に判断することが求められる。行政職員は日頃の業務で「あちらを立てれば、こちらが立たぬ」という状況に直面することがあるだろう。こうした状況でも、「すべての人が、渋々でも納得する落としどころを見つけていくのが腕の見せどころだ！」と感じる職員も多いのではないだろうか。そういった気質は、トレードオフが生じる SDGs の取り組みで最もバランスの取れた解決策を考える際にも役に立つ。行政職員は SDGs を活用するアクターとして相性が良いはずだ。

図表21　バランスが取れるポイントを探り当てる

注

1. 前野（2014）は、「一般的な傾向として、論理的、数学的、意識的、理性的な情報処理は、左脳がその役割を担う傾向があると言われています。一方、独創的、イメージ、直感的、感性といったキーワードで括られる思考や視点は、右脳が多くの役割を担っていると言われています。（中略）あくまで人間の認知を単純化したモデルであり、現実の脳はそんなに明確に役割分担しているわけではありませんが、イメージしやすいので、このモデルを使ってシステム思考とデザイン思考について考えてみましょう」と述べている。本稿では、この説明を援用する。
2. 国連開発計画（UNDP）駐日事務所「持続可能な開発目標」
   http://www.jp.undp.org/content/tokyo/ja/home/sustainable-development-goals.html
3. 内閣府 男女共同参画局「平成 24 年版男女共同参画白書」
   http://www.gender.go.jp/about_danjo/whitepaper/h24/zentai/html/zuhyo/zuhyo01-00-18.html
   （最終アクセス日：2020 年 2 月 10 日）

参考文献

1. 前野隆司ほか（2014）『システム × デザイン思考で世界を変える』pp.20-25、日経 BP 社
2. 「川崎市持続可能な開発目標（SDGs）推進方針」川崎市ウェブサイト
   http://www.city.kawasaki.jp/170/page/0000101171.html（最終アクセス日：2019 年 11 月 4 日）
3. 細谷功（2016）『メタ思考トレーニング 発想力が飛躍的にアップする 34 問』pp.4-6、PHP ビジネス新書
4. GRI、国連グローバル・コンパクト、WBCSD（2018）「SDGs Compass」
   https://sdgcompass.org/wp-content/uploads/2016/04/SDG_Compass_Japanese.pdf
5. 堀公俊（2014）『ビジュアル アイデア発想フレームワーク』pp.46-47、日本経済新聞出版社

STEP 4

ロジック・モデルを用いて
取り組みを
評価・共有する

STEP 1 から STEP 3 にかけて、SDGs を知り、課題を分析し、目標を立て、その達成に向けた手段を検討してきた。STEP 4 では、こうした流れを評価する仕組みと、自分たちの成果を積極的に報告・共有することで多くの利害関係者（ステークホルダー）とともに取り組んで行くことの重要性について説明しよう。

指標を活用して進捗を測ろう

■ 進捗を測ることこそ SDGs の鍵

序章で説明したように、SDGs には法的拘束力もなければ、17 の目標達成に向けた手段も決められていない。蟹江憲史教授が「指標で進捗を測ることが SDGs の唯一のメカニズムである」と語るように、「指標」を活用して「測る」ことは、自治体が政策・施策の管理と SDGs 達成にどのくらい貢献しているか可視化する上で、決して忘れてはならないプロセスだ。

そのためにまず必要なことは、STEP 3 でも触れたように、「アウトサイド・イン」の考え方を踏まえたうえで、自身の自治体が関わる地域の文脈で各指標を読み換える作業である。グローバルな目標である SDGs では、193 ある国連加盟国の国家をその取り組み主体として想定している。そのため、232（重複除く）ある指標には、開発途上国を対象としていたり、1 つの自治体では規模感が合わなかったりするものも含まれているからだ。例えば、指標 17.12.1「開発途上国、後発開発途上国および小島嶼開発途上国が直面している関税の平均」や、指標 2.5.2「絶滅の危機にある、絶滅の危機にはない、または、不明というレベルごとに分類された在来種の割合」などがそれである。

■ 自治体レベルの活用と競争を促す「ローカル指標」

グローバル視点で定められている SDGs の指標を国内の自治体が活用で

きるようにするために、日本政府も検討を続けてきた。内閣府地方創生推進事務局は、2018年1月に「自治体SDGs推進評価・調査検討会」を府内に設置し、そのうち「自治体SDGs推進のためのローカル指標検討ワーキンググループ」が「地方創生SDGsローカル指標（以下、ローカル指標）」の策定を進めている。策定にあたっては、各省庁とワーキンググループが連携し、国内省庁、および自治体でデータが入手可能なものを選び、そのデータソースも提示している。

　ローカル指標を概観すると、国内の全自治体が取得可能なデータを基準に策定されていることから、さしずめ「自治体統一指標」とでも言うべき性格を有している。各自治体がこの指標を用いることで、SDGsに期待される自治体間の競争原理を働かせることができるだろう。

　このローカル指標の数値データは、現在のところ、内閣府から発表されていないが、2019年10月に慶應義塾大学SFC研究所xSDG・ラボから出版された「SDGs白書2019」において、ローカル指標の数値データの大半を調査して公開しているので、参考にしてほしい。

　また、「自治体SDGs推進のためのローカル指標検討ワーキンググループ」で委員を務める法政大学の川久保俊准教授が、ウェブサイト「ローカルSDGsプラットフォーム」にて、自治体のSDGsに関する取り組み事例やデータを公開しているので、参考にすることを勧める。

■地域性まで反映した「サブ・ローカル指標」という提案

　ローカル指標は、グローバルな視点を自治体レベルの視点に落とし込む上では有効と考えられる。一方で、そこに各自治体特有の地域性を踏まえることまでは難しい。そうなると、実際のところ、各自治体で固有の政策を改善するまでには至りづらいだろう。そこで、ローカル指標では捉えきれない地域性を反映し、ローカル指標を補完するより詳細な「サブ・ローカル指標」[注2]を独自に策定することは、1つの有効なアプローチだ。

この時、指標を作ること自体が目的化しないよう注意したい。政策評価の必要性が自治体で叫ばれて久しいが、その政策評価に用いる指標とは、そもそも何らかの戦略の改善に活用するための根拠となるデータである。そのため、目標を達成するための具体的な戦略体系を可視化し、それを効果的に実行するにはどういった指標が必要か検討する、という順序で考えなければならない。

　また、指標の達成度を測るだけで満足するのではなく、期待していた水準と指標の達成度のギャップなどに含まれた情報を引き出し、それらを基に戦略を改善していくことも必要である。指標を単なる進捗管理の手段と見なすのではなく、どのような要因が指標値の変化を引き起こしたのかを考える視点を常に忘れてはならない。

　「政策評価」という言葉は、広く自治体で使われているが、「評価」という表現には「説明責任」と「政策・施策の改善」という2つの目的がある。それは単に、成果の見せ方ばかりを工夫することで果たせるものではない。自治体の本務である地域課題の解決や、そこに至るまでの施策を改善する

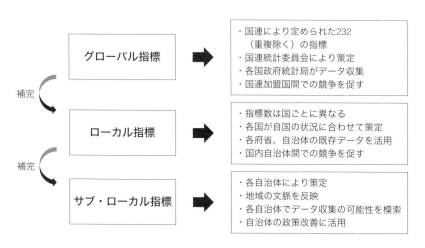

図表 1　SDGs の指標を性質に応じて三層に分類

ことには結びつけるためには、課題を正確に把握し、資源の投入（インプット）から成果（アウトカム）までの論理的なつながりを明らかにすることが必要である。

■ 政策の構造を可視化する「ロジック・モデル」

実行している政策のための投入がどのように成果につながっているのかを分かりやすく示す手段として、「ロジック・モデル」を紹介したい。目的の達成に至るまでに取ろうとしている戦略が、どう論理的な道筋を辿っているのかをまとめたものだ。

本書ではこれまで、防災施策をテーマ例に挙げながら、いくつかのワークショップをご紹介してきた。実は複数のワークショップをつなげると、1つのロジック・モデルを作り上げることもできる。

まず、STEP 4で説明したアウトサイド・インのアプローチで、最終アウトカムとなる目標を設定する。そして、STEP 2の「課題間の関係を捉えるワークショップ」で説明したように、課題の背景にある問題を分析し、

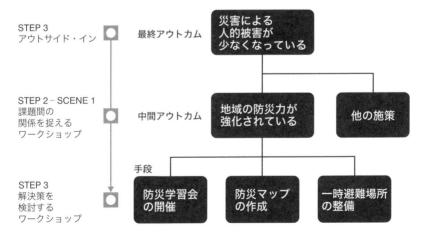

図表 2　防災施策のロジック・モデルの例

数多くある問題群の中から、解決すると大きなインパクトのあるレバレッジポイントを見つけ、STEP 4 で紹介したマンダラートを用いて、マルチステークホルダーで解決策を見つけていく。

　この過程をまとめると、図表 2 にあるようなロジック・モデルを描き出すことができる。目標の達成に向けては、このように施策同士をつなぐ論理構造を可視化して、その妥当性などを検討することが有効だ。

　行政組織では、一度決定したら事業期間が終わるまで計画通りに事業を進めることこそが善であると考えられがちだ。しかし、はじめから完璧なロジック・モデルを作成しようとするのではなく、その時々の状況を反映して柔軟に改善していくという視点で取り組む姿勢を忘れないでほしい。評価研究の第一人者である明治大学ガバナンス研究科の源由理子教授は「政策を改善するうえで最も重要な鍵を握っているのは、現場で課題と関わっている人々です」と語る。一人ひとりの職員や組織が直観的に抱く感覚は、過去の経験が蓄積されて表出したと考えることができる。数量データだけでなく、こうした直観を拾い上げながら合意形成していくことも必要である。目標の達成に向けて施策を実施する上では、重要なアクターを戦略的に選びながら、現場の声を活かして、政策の改善につなげていくことが求められる。

　さて、すでにお伝えした通り、日本では内閣府が「地方創生 SDGs ローカル指標」を策定するなど、自治体での SDGs の活用に焦点が当たりつつある。とはいえ、実際に地域の文脈を汲んだ評価を行っている事例はまだあまり多くない。そこで、サブ・ローカル指標の策定に向け、参加型評価を用いた住民参加による SDGs のローカライズに挑戦した石川県珠洲市の取り組み「能登 SDGs 評価プロジェクト」を紹介する。なお、同市は、内閣府から 2018 年度 SDGs 未来都市に選定されている。

SDGs のローカライズを
参加型評価で進める
─能登 SDGs 評価プロジェクト

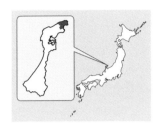

──────── 珠洲市（石川県）

STEP
4

■ 地域課題に取り組む産官学金の連携拠点「能登 SDGs ラボ」

　能登半島の先端に位置する珠洲市は、高齢化率が約47％に達し、人口減少が深刻化している。特に20代の若者は年齢別人口グラフの谷となっており、日常生活から、地域の祭事である「キリコ祭り」をはじめとした伝統文化の保全に至るまで、様々な場面で担い手が減少している。

　こうした状況に対応する取り組みの1つとして、珠洲市と金沢大学が2007年から運営してきた人材育成事業「能登里山里海マイスター育成プログラム」を拡充して、若者を地域に引き寄せようと検討が進められてきた。このプログラムは、世界農業遺産にも指定されている豊かな能登の里山・里海と、地域住民との共生を目指す能登半島の将来を担う若手リーダーの育成を目指すものだ。受講生は卒業研究として、里山・里海を活用した製品の開発などにも取り組んでいる。

　珠洲市は、こうした研究を産業につなげるべく、2018年10月に「能登 SDGs ラボ」を開設した。そして、能登 SDGs ラボを、SDGs 推進の要となる産官学金（産官学＋金融機関）のプラットフォームとしての役割に加え、地域と経済をつなぐ拠点に位置づけた。このラボの関係者と住民が協働で「5年後（2024年）における理想の珠洲の姿」の検討に取り組んだのが、「能登 SDGs 評価プロジェクト」である。

図表3　幅広いステークホルダーで 2024 年の能登・珠洲を検討

■ ロジック・モデルを活用した地域住民とのワークショップ

　このプロジェクトでは、2019 年 2 月から 3 月にかけて 2 回にわたる「能登 SDGs ラボ評価ワークショップ」が開催された。能登里山里海マイスター育成プログラムの修了生や、珠洲市職員、公立中学校職員・生徒等、珠洲市に暮らす 10 代前半から 60 代前半の幅広い住民が参加している。

　ワークショップでは、ロジック・モデルの作成を通して、持続可能な珠洲市を目指すための戦略が検討された。

　まず「人口減少」という珠洲市の重要な問題（＝レバレッジポイント）は「地域の担い手となる若者の不足」という課題に落とし込まれ、プロジェクトを通して社会に起こしたい変化（＝最終アウトカム）は「若者が魅力を感じる地域になる」に設定。そのうえで、その達成のために行う作戦の目的（＝中間アウトカム）

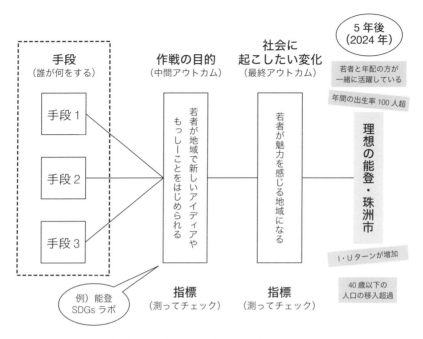

図表4　ワークショップを通じて作成されたロジック・モデル

として、「20代の若者が地域で新しいアイデアや、もっしーこと（能登の方言で「面白いこと」の意）を始められるような環境を整える」が設定された。

　次に、この作戦の達成度合いをどのような指標で判断するか検討が行われた。その結果、「若者の起業に対する金融機関の融資件数」や「20代の人口増加率」などが提案されたほか、「北國新聞（地元メディア）での掲載回数」や「うわさになっている回数」といった声も上がった。

　ワークショップの参加者からは、「2030年から逆算して考えると、理想と現実のギャップを目の当たりにして不安や焦燥感に駆られるが、参加者の『こうあってほしい』というポジティブな発想が集まることで、そのギャップを乗り越えられるような前向きさが生まれた」などとする意見が寄せられた。ほかに、「着実な成果を積み重ね、能登SDGsラボが地域で新しいアイデアや、もっしーことを始

められる場所に発展させたい」といった積極的な意見が出た一方で、「地域の変化を客観的な指標で捉えることの難しさを感じた」という声もあった。

■ 参加型評価が持つ可能性と課題

「能登評価プロジェクト」で取られたアプローチは、「参加型評価」と呼ばれるものだ。利害関係者が評価プロセスに関わることで、当事者として何らかの取り組み（今回は能登 SDGs 評価プロジェクトを指す）に関わっていくような意識変化や行動変容が期待される評価手法である（源（2008））。マルチステークホルダーによる連携という SDGs の重要な要素を参加者の中で認識・共有できることや、外部者には容易に導き出すことができない地域の文脈を汲んだ指標のアイデアが生まれやすいことは、参加型評価ならではの価値と言える。

一方で、先の感想にも含まれていたように、客観的な視座が参加者に浸透しづらい点は課題の1つだ。その意味で、行政が保有するデータをもとにした議論は、より客観的かつ現実的な戦略の構築を促すための手掛かりになるだろう。

国連で開催される会議の場でも、SDGs について検討される際には、性別や障がいの有無といった細分化されたデータ（Disaggregated Data）の活用が叫ばれて久しい。自治体での SDGs 活用においても、行政データを十二分に活用し、マルチステークホルダーの参画を得た幅広い視点で検討していくことが必要だ。

■ ローカライズの重要性

SDGs は世界の様々な課題を集約して 17 のゴールを設定している。すでに述べてきたように、その性質から、必ずしも日本の状況に即したゴールやターゲットばかりではない。しかし、共通して言えることは、自分たちが暮らす地域も含めた世界中すべての地域を将来にわたり持続可能な状態にするためのものであるということである。そのためには、目指す姿と実現に向けた戦略を幅広いステークホルダーと描くことが求められる。

珠洲市の事例は、地域独自の指標を設定するなど SDGs のグローバルな枠組みから外れるものだが、本質的に目指すところは SDGs と同じ「持続可能性」である。具体的なアクションに制約のない SDGs では、こうした既成概念にとらわれ

ない新たな事例が広がることが求められており、本評価プロジェクトもその１つに位置づけられるだろう。

　SDGs のグローバル指標や、政府が作成した「ローカル指標」に対して、自治体はどうしてもすでに定められた指標のデータを取得してまとめる説明責任に焦点を置いた受動的な動きになってしまいがちだ。しかし、自治体が主体的に策定する「サブ・ローカル指標」においては、図表１に示したとおり、政策の改善にまで寄与する可能性を見出そうとするものである。能登に限らず、こうしたサブ・ローカル指標策定に向けた様々な事例が共有されれば、多くの自治体の参考になるだろう。

COLUMN | データが取れない指標がある？

　2015年9月に開催された国連サミットの成果文書では、SDGsのゴールや、169あるターゲットが発表されている。しかし、SDGsの進捗を測定するための指標については、国連統計委員会の下に設けられた「SDG指標に関する機関間専門家グループ（IAEG-SDGs）」で検討すると成果文書に書かれている。

　こうした経緯を経て、2017年7月の国連総会の場で、232（重複を除く）のグローバル指標から構成される指標枠組みが承認されている。驚くことに、SDGsの進捗を測る指標はSDGsが採択されてから約2年の歳月を経て設定されていたのだ。指標のデータは、各国政府に設置されている統計局が収集・整理することとされており、日本であれば、総務省統計局がその任を負っている。

	分類の基準	指標数
Tier 1	指標の概念が明確、かつ手法や基準が設定してあり、かつデータが定期的に公表されている指標	116
Tier 2	指標の概念が明確、かつ手法や基準が設定してあるが、定期的なデータ公表に至っていない指標	92
Tier 3	手法や基準が設定中、もしくは設定されていない指標	20

図表5　SDGsにおける指標の階級・分類の基準と、その数
(出典：国連統計局ウェブサイト[注1]をもとに筆者作成)

また、これらの指標は Tier 1（ティア・ワン）から Tier 3（ティア・ス
リー）までの階級に分かれている。Tier 1 は、「指標の概念が明確、かつ
手法や基準が設定してあり、かつデータが定期的に公表されている指
標」、Tier 2 は、「指標の概念が明確、かつ手法や基準を設定してあるが、
定期的なデータ公表に至っていない指標」、そして Tier 3 は「手法や基準
が設定中、もしくは設定されていない指標」である。つまり、現時点で
すべての指標が測定可能な状態ではないのだ。

　2019 年 12 月 11 日時点で、Tier 1 に分類される指標は 116、Tier 2 に
分類される指標は 92、Tier 3 にあたる指標が 20 存在している。また、
SDGs の指標の中には、例えば指標 4.7.1「ジェンダー平等および人権を
含む、（ⅰ）地球市民教育、及び（ⅱ）持続可能な開発のための教育が、
（a）各国の教育政策、（b）カリキュラム、（c）教師の教育、及び（d）児
童・生徒・学生の達成度評価に関して、全ての教育段階において主流化
されているレベル」のように、複数のデータを要するものもある。その
ため、一方が Tier 1 だが、もう一方は Tier 2 といったように複数の階級
に分かれている指標が 4 つ存在している。

　こうしたグローバルな指標のデータ収集・分析手法については、国連
機関も、指標の実用可能性を高めるべく検討を進めている。

STEP
4

報告と共有を経てマルチステークホルダーで取り組む

■所属の壁を超えたパートナーシップがSDGs達成の鍵

　STEP 4の最後にお伝えしたいことは、SDGsの**ゴール🔟**にもある、幅広い利害関係者（ステークホルダー）とともに、SDGs達成に向けて取り組む重要性である。

　「自治体が住民とともに施策を策定し、協働で実施する」と言うと耳触りが良いが、実際に住民を巻き込んでいくとなると、声の大きい市民から苦情が寄せられたり、協働したことによって、新たに対応しなければならない課題が突きつけられたりするのではないかと不安に思う自治体職員もいるだろう。また、対話の場を設けたとしても、多くの人が好き勝手に意見を述べた結果、まとまらなくなってしまうのではないだろうかと心配になる姿も想像に難くない。

　しかし、本書を通してお伝えしてきたとおり、SDGsの達成に向けて取り組んでいくためには、庁内の様々な部署、企業やNPO、住民をはじめとする生活者など、あらゆる利害関係者の視点を結集する必要がある。世代や職業、性別の異なる利害関係者が、それぞれの視点から課題を捉えることで、課題の本質が明らかになり、これまでにない解決策が生み出される可能性も高まる（図表6）。年齢に限らず、障がいの有無や職業の違い、性別などによって、人はそれぞれ見える範囲は限られているからだ。すべての人が持つ視点に価値があり、多くの視点から物事を見て解決策を考えることは、「誰一人取り残さない」というSDGsのコンセプトに必要不可欠なアプローチである。

　しかし、こうした多様な利害関係者の参加も、共通の目標であるSDGsの存在や、自治体がすでに取り組んでいる施策や事業を知ってもらうことから始まる。SDGsを一過性のブームで終わらせないためにも、自治体だ

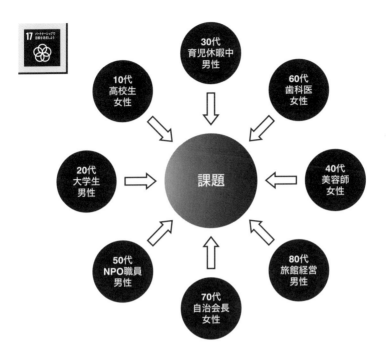

図表6　SDGsを活用するには、多様な利害関係者が多角的に課題を見つめることが重要だ（例）

けで議論するのではなく、住民や企業も含めた多様な利害関係者で、SDGs
に係る議論を深めることが肝要だ。そのためにも、自治体がSDGsに関す
る取り組みを住民に向けて報告・共有することは非常に重要なステップと
言えるだろう。

■大津市による定期的な広報物を活用した発信

　まず、自治体が住民とコミュニケーションを取る際に最も取り組みやす
いアプローチは、定期的に発行している広報紙などの媒体を活用すること
だろう。紙面の制約から詳細な内容を共有することまでは難しいが、成果
を掲載した報告書やウェブサイト等にアクセスしてもらうための呼び水と
して、とても有効である。

図表7　住民に親しみのある広報紙は有効な媒体だ（出典：広報おおつ 2018 年 3 月 1 日号）

　大津市の広報誌では、市の SDGs に係る取り組みにおけるポイントを簡潔にまとめ、市民福祉の向上や、まちづくりの推進という成果が期待できることを共有している（図表 7 左）。また、どのような取り組みが SDGs の視点によって行われているのか、代表的な事業を紹介している。例えば、飲食店で注文したものの食べきれなかった料理を来店した客自身が持って帰り、自宅などで消費する「ドギーバッグ運動」は、「食品ロスの削減を目的とした取り組みだから SDGs のゴール⓬「つくる責任 つかう責任」の達成に貢献することを的確に伝えている。

　こうした住民との地道なコミュニケーションの積み重ねが、SDGs に対する住民の理解を深め、市全体の取り組みをスケールアップさせることにつながるはずだ。

図表 8　発行された 3 自治体のレポート（日本語版）の表紙（出典：IGES ウェブサイト）

■有意義な報告書を作成するための国際ガイドライン

　住民をはじめとした利害関係者に自治体の取り組みの成果をより詳しく共有しようとするなら、報告書の発行が有効だろう。自治体は予算を獲得するまでの計画段階には大きなエネルギーを注ぐが、取り組みの成果報告が十二分にできているとは言えない。SDGs に関して、せっかく様々な取り組みをしているならば、住民に向けて成果や課題を明確に共有しなければ、その価値も伝わらないし、ひいては住民が課題を自分ごととして考えるきっかけを奪うことにもつながりかねない。

　SDGs の達成に向けた取り組みを伝える報告書の発行において先進的に取り組んでいるのが、北海道下川町、富山県富山市、福岡県北九州市だ。この 3 自治体は、SDGs 達成に向けた取り組みや成果をまとめた「持続可能な開発目標（SDGs）レポート」を日英 2 言語で発行している（図表 8）。

　レポートの作成にあたっては、公益財団法人地球環境戦略研究機関（IGES）の協力を得て、国連の「2018 年版 自発的国家レビュー報告書（VNR）作成のためのガイドライン（Handbook for the Preparation of Voluntary National Reviews: the 2018 Edition）」で示された構成に準じて作成されている。このガイドラインは、ハイレベル政治フォーラム（p.165 で後述）におい

て国連加盟国がSDGsに係る成果を発表する自発的国家レビュー（Voluntary National Review：VNR）の際に発行する報告書を、各国が策定する際の指針として、国連経済社会局（UN DESA）が公開している。ガイドラインでは、自発的国家レビューの報告書を作成する際に盛り込むべき項目や、作成のコツも掲載されている。こうした国際的なガイドラインも参考になるだろう。

■北九州市による報告用パンフレットの作成

2018年度のSDGs未来都市、および自治体SDGsモデル事業にも選定されている北九州市は、経済協力開発機構（OECD）から「SDGs推進に向けた世界のモデル都市」にアジアで唯一選定されるなど、持続可能な都市づくりに積極的に取り組んでいる自治体として、世界的な評価も高い都市だ。

北九州地域は、日本の四大工業地帯の1つとして、重化学工業を中心に

図表9　コンパクトに要点がまとめられたパンフレット（出典：北九州市ウェブサイト）

発展したが、1960 年代には公害問題に悩まされ、女性団体による運動をきっかけに市民・企業・行政が連携・協働し、公害問題を克服した歴史を持つ。こうした環境問題に関する取り組みが注目を集め、環境未来都市の 1 つとして、以前から持続可能なまちづくりを実践してきた背景があり、SDGs の文脈でも、これまでの経験を踏まえながら積極的に取り組んできた。

　その成果をまとめて 2018 年 10 月に発行したのが、「北九州市 SDGs 未来都市」と題された 10 頁のコンパクトで分かりやすいパンフレットだ（図表 9）。2019 年 7 月には、北九州市における SDGs 推進体制と取り組みについて、世界への貢献という観点からまとめた「SDGs を通じて北九州市から世界へ 2018」と題された 28 頁のパンフレットも発行している。

　自治体の取り組みを成果物としてまとめなおすのは時間を要する作業だが、SDGs を市内で浸透させるために有効であることはもちろん、職員自身が自分たちの取り組みを見つめなおすきっかけにもなるだろう。

■ 下川町による地域住民を交えたマップの制作

　住民も交えて報告や共有のための資料を作成するのも効果的だろう。下川町（北海道）では、町内の施設や自然資源などが SDGs の 17 ある目標とどのように関連するかについて、地図情報と結びつけて可視化した「しもかわ SDGs マップ」が作成され、町内に配布されている（図表 10）。実はこのマップの作成には、2 人の大学生が深く関わった。2018 年当時、慶應義塾大学の学生だった和田恵さんと清水瞳さんが、庁内の職員や町民とともに制作したものだ。

　このマップの制作は、町役場で SDGs を担当する政策推進課職員と協力して、町内の主要な施設等と SDGs との関連を図示し、プロトタイプを作成することから始まった。そして、プロトタイプから一旦 SDGs の要素を除いた地図をベースとして、町民委員と町役場職員から構成される SDGs 未来都市部会（町民委員 10 名、町役場職員 10 名）の構成員、町長、副町長、

STEP
4

図表 10　しもかわ SDGs マップ（表面）（提供：清水瞳さん）

　町役場の若手職員とともに、ベースとなる地図に書き込まれている施設に関連するゴールを検討するワークショップを行った。この過程では、ベースとなる地図に反映されていなかった施設を書き足す作業も行われている。

　4人から7人で構成されるグループごとに1つの地図を作成した結果、最終的に6つの地図が完成し、これらが統合された。その過程では、参加者による「この施設にはこのゴールが関係する」という意見の多寡をSDGsのアイコンの大きさで表現するなどの工夫を凝らしている。また、SDGsの各ゴールの説明やこのマップを作成した背景、地図上に載せることができなかったパートナーシップに関連する要素などについては裏面にまとめられている（図表11）。

　「しもかわ SDGs マップ」の制作は、下川町というローカルな場で営まれる日常生活に、グローバルな目標である SDGs が関係していることを見える化し、町民が SDGs をより身近に感じるきっかけを提供したアプローチ

図表 11　しもかわ SDGs マップ（裏面）（提供：清水瞳さん）

STEP
4

だ。役場職員や町民に、外部者であり、かつ若者の視点が組み合わさるこ
とで、見事な相乗効果がもたらされている好事例と言えよう。

　和田さんは制作当時を振り返り「除雪車のように、町民にとって当たり
前の存在だと、それが SDGs 達成にも貢献しているという視点を町民は持
ちづらい様子でした。そういう時には、内部者である町民のみなさんにと
って当たり前のものから、私たちのような外部者が価値を引き出すことが
できると感じました」と話す。一方、2019 年 6 月から下川町の SDGs 推進
室で半年間のインターンに取り組んでいる清水さんは、「しもかわ SDGs マ
ップを町内で配布したところ、子どもが冷蔵庫にマップを自ら貼っていた
という情報が寄せられました。今後は、このしもかわ SDGs マップを町民
自らアップデートする流れにつなげたいと思っています」と嬉しそうに語
ってくれた。

SDGs と総合計画

―鎌倉市による市民対話型 ワークショップ

鎌倉市（神奈川県）

　SDGs を地域に浸透させ、なおかつ SDGs をある種の「ツール」として丁寧に活用しようとするのならば、行政と地域住民との対話の機会を設けることは必要な過程である。2018 年度の SDGs 未来都市、および自治体 SDGs モデル事業に選定された鎌倉市は、市の総合計画に SDGs の理念を反映しようと取り組みを続けてきた。SDGs という世界共通の物差しを用いることで、世界における鎌倉市の立ち位置を客観的に分析することがねらいだ。

　そのために、2018 年 12 月から 2019 年 2 月にかけて、「2030 年の鎌倉を『ともに考え、ともに作る』」と題したワークショップ形式の市民対話を 4 回にわたり開催している。基本構想を頂点として、基本計画、実施計画の三層から構成される総合計画のうち、2020 年から 2025 年を計画期間とする「第 3 次鎌倉市総合計画第 4 期基本計画」の策定にあたって実施されたものだ。

　この市民対話には、10 代から 80 代までの幅広い世代の市民が参加し、SDGs がもたらすグローバルな視点も取り入れながら、参加者が SDGs の達成期限である 2030 年に鎌倉市をどのようなまちにしたいかという理想像を描き、そこから「バックキャスティング」で、現在は何をすべきかを検討している。

　このワークショップでは、担当課である同市共創計画課の職員もワークショップの準備から当日の運営まで一緒に汗をかいている点が印象的だ。自治体職員だけでワークショップの内容や進め方を考えるのではなく、「餅は餅屋」という諺のとおり、その分野を得意とする企業等とパートナーシップを組んで進めていくことは、SDGs の観点からも非常に重要である。つまり「目的の達成に向け

て、得意なことを持ち寄って、進めて行く」のである。しかし、すべてを委託先に丸投げするのではなく、市も当事者として汗をかくという姿勢が必須である。これは、2000年代に初頭に注目された「住民協働」の考え方と近い。

　初回のワークショップでは「地域の魅力を集める」作業を行い、2回目で「2030年の鎌倉市の未来像」を描いている。3回目は、「2030年の鎌倉市の未来像」に向けて、参加者とどのようなことをやってみたいか、共創活動を生み出すための「問い」を見つける作業を行った（図表12）。

　いずれのワークショップも10代の学生から定年退職した世代まで、市内の幅広いステークホルダーが集い、対話を重ねている（図表13）。最終回は、「共創アイデアを探索する」というテーマで、3回目に設定された問いに応えるプロジェクトを組み立ていくという内容で進められた。

　こうして、市民対話として開催された4回にわたる連続ワークショップでは、地域住民と行政が一体となって対話の機会を設け、ともに課題を可視化し、ともに解決策を見出そうとしている。鎌倉市では、このアプローチを「共創」という言葉で理解し、実践しようと歩みを進めている。市民対話と聞くと、住民からの苦情に対して行政職員が説明を求められ、時には謝罪するような場になりがちだ。

STEP
4

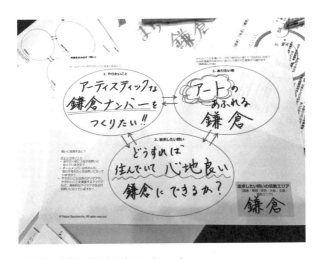

図表12　実際に用いられたワークシート

図表 13　幅広いステークホルダーが集ったワークショップの参加者 （提供：鎌倉市）

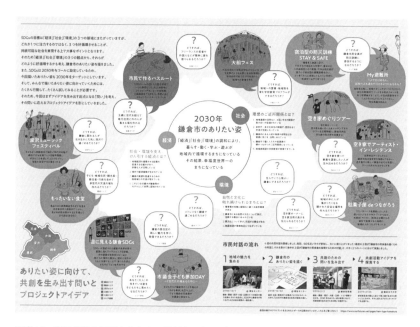

図表 14　市民対話の結果をまとめ、発行されたタブロイド紙 （出典：鎌倉市ウェブサイト）

しかし、市民対話という括りの中でも、その場しのぎの意見聴取ではなく、こうした共創の場を設けて行政と住民がともにまちづくりを進めて行くと、ゆっくりだが確実に「共創」という概念が地域に浸透していく。

　SDGsの理念を総合計画に反映する過程で行われたこれらの市民対話について、鎌倉市共創計画部長の比留間彬さんは「VUCA時代の行政運営には、様々なステークホルダーの連携・共創が不可欠。SDGsの推進という、地域・世代を超えた価値観は、これを強く後押ししてくれました」と語る。こうした住民と共創していく視点は、これからSDGsを総合計画や各種の施策に取り入れようとする自治体にとって非常に重要な示唆であると言えよう。鎌倉市は、この過程をタブロイド紙にまとめ、市民に配布することで、SDGsと総合計画について市民に浸透させようと工夫している（図表14）。

注
1. 国連統計局ウェブサイト　https://unstats.un.org/sdgs/iaeg-sdgs/tier-classification/
2.「サブ・ローカル指標」という表現は、筆者による造語である。

参考文献
1. 慶應義塾大学 SFC 研究所 xSDG・ラボ（2019）「巻頭言」『SDGs 白書 2019』p.3、インプレス R&D
2. 蟹江憲史・高木超（2019）「xSDG：SDGs と掛け合わせた課題解決と学術の役割」『環境経済・政策研究』第 12 巻 2 号、pp.9-18
3. 川久保俊・村上周三・中條章子（2018）「日本全国の自治体における持続可能な開発目標（SDGs）の取組度に関する実態把握」『日本建築学会技術報告集』第 24 巻 第 58 号、pp.125-128
4. 高木超（2019）「住民が目標達成に向けた戦略をデザインする SDGs のローカライズを促進する参加型評価」『国際開発ジャーナル』2019 年 5 月号、pp.56-57
5. 源由理子（2008）「参加型評価の理論と実践」『評価論を学ぶ人のために』pp.95-112、世界思想社
6. 総務省ウェブサイト「持続可能な開発目標（SDGs）」
　　http://www.soumu.go.jp/toukei_toukatsu/index/kokusai/02toukatsu01_04000212.html
　　（最終アクセス日：2019 年 11 月 8 日）
7. 国連広報センターウェブサイト「持続可能な開発目標報告 2016」
　　https://www.unic.or.jp/activities/economic_social_development/sustainable_development/2030 agenda/sdgs_report/sdgs_report_2016/（最終アクセス日：2019 年 11 月 8 日）
8. United Nations「Tier Classification for Global SDG Indicators」https://unstats.un.org/sdgs/files/ Tier-Classification-of-SDG-Indicators-11-December-2019-web.pdf
　　（最終アクセス日：2020 年 1 月 16 日）
9. 大津市「広報おおつ（2018 年 3 月 1 日号）」
　　http://sv_pc.ecocat-cloud.com/lib/ecolab/export/2f8c3b61_5aa36272/book.html?bid=855& startpage=1&url=http://sv_pc.ecocat-cloud.com/&key=05d4c96ca01e86cef9fbd9fbab54bc56& callback=afterComp（最終アクセス日：2020 年 1 月 16 日）
10. 公益財団法人地球環境戦略研究機関（IGES）
　　https://iges.or.jp/en/pub/shimokawa-sdgs-report-2018/ja（最終アクセス日：2020 年 1 月 16 日）
11. 北九州市「北九州市 SDGs 未来都市」
　　https://www.city.kitakyushu.lg.jp/files/000817411.pdf（最終アクセス日：2020 年 1 月 16 日）
12. 鎌倉市「2030 年の鎌倉をともに考え、ともに創る」
　　https://www.city.kamakura.kanagawa.jp/seisaku-souzou/documents/sdgs20190326_2_mihon.pdf
　　（最終アクセス日：2020 年 1 月 16 日）

終　章

「SDGs × 自治体」を
より深く
実践するために

ケーススタディ

地域の蓄積を活かし
加速させる

—————— 下川町（北海道）

■ "成り行きのシナリオ"から脱するために

　旭川空港から北に100km、車で2時間ほど離れた場所に位置し、約3300人の住民が暮らす北海道上川郡下川町。東京23区とほぼ同じ面積の町域のうち9割近くが森林で、厳冬期には気温が氷点下30℃にも達する。スキーのジャンプ競技が盛んで、「レジェンド」葛西紀明選手を輩出した町でもある。

　下川町は、国内におけるSDGsの文脈で、近年、最も注目されている自治体と言える。2017年末に日本政府が主催した第1回「ジャパンSDGsアワード」で、最高位のSDGs推進本部長（内閣総理大臣）賞を受賞して一躍脚光を浴び、日本中から視察が絶えないという。

　もともと下川町は、高度経済成長期に木材の産地として名を馳せ、金や銅といった鉱物資源の生産でも全国に知られていた。1960年代には15000人を超える人口を有していたが、林業や鉱工業の衰退により1980年代にはおよそ3分の1まで人口が急激に減少してしまった。同町政策推進課SDGs推進戦略室の蓑島豪室長（図表2）は、「大きな人口減少による地域活力低下を経験していることが、持続可能性を下川町が考え、危機感を持っている理由だと思う」と語る。

　2017年時点での北海道の高齢化率は30.7％と全国でも高い部類に入り、内閣府の推計によれば、2045年には42.8％に達する。そんな中でも下川町の高齢化率はさらに高く、現時点で町人口の約40％が65歳以上の高齢者である（図表3）。

　将来的な推計も厳しく、SDGsの達成期限である2030年には、人口が2400人、

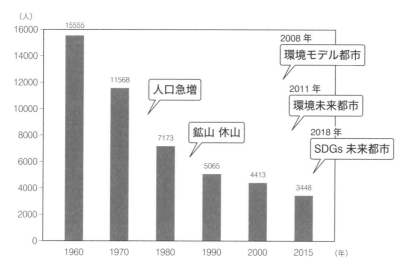

（人）

図表1　下川町の人口動態（出典：下川町資料をもとに筆者作成）

図表2　下川町政策推進課SDGs推進戦略室の蓑島豪室長

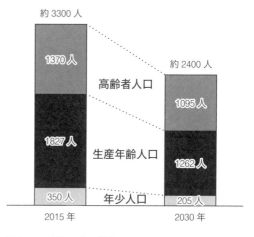

図表3　下川町の人口構成（出典：下川町資料をもとに筆者作成）

高齢化率は 43% に達し、空き家シミュレーションでは現状の 81 戸から 582 戸に増加する可能性もあることが見込まれている。担い手の不足により、2019 年 6 月現在で、町内のスーパーマーケットはすでに 1 店舗が残るのみだ。今後、買物や移動、除雪といった生活に身近な部分で困難な状況に置かれる人々が増加し、これまで高齢者を中心に担ってきた住民自治機能が低下し、少子化により子どもの教育環境も縮小していくことも予想される。

　このように、成り行きにまかせるだけでは、2030 年の下川町の姿は持続可能とは言えそうにない。それでは、こうした状況下で、下川町はどういった考えをもって、SDGs を活用しはじめたのだろうか。

■ SDGs を取り入れるメリットの見定め

　まず、下川町では、「SDGs をまちづくりに取り入れるメリット」として 4 点を挙げ、今後のまちづくりのツールとして活用していく考えを示している（図表4）。それぞれ、本書で紹介してきた考え方・キーワードと関連が深いことが分かるだろう。

　「① 17 の目標から地域を見つめ直すことによる新たな課題の発見や気づき」は、

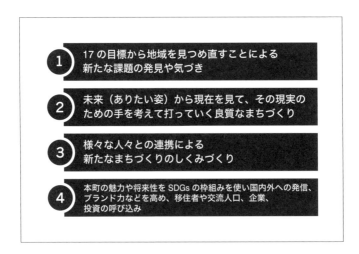

図表 4　下川町が SDGs を取り入れるメリット（出典：下川町資料[注1] を参考に筆者作成）

STEP 3 で紹介した「アウトサイド・イン」の考え方を示している。「② 未来（あ
りたい姿）から現在を見て、その実現のための手を考え打っていく良質なまちづ
くり」は、STEP 2 - SCENE 2 で紹介した「バックキャスティング」を実践する
決意であろう。「③ 様々な人々との連携による新たなまちづくりのしくみづく
り」は STEP 4 で紹介した「マルチステークホルダーのパートナーシップ」を示
している。最後の「④ 本町の魅力や将来性を SDGs の枠組みを使い国内外へ発信、
ブランド力などを高め、移住者や交流人口、企業、投資の呼び込み」は、終章の
最後にご紹介する「国内外への情報発信」が深く関係している。

　それでは、こうしたメリットを見定めたうえで、下川町ではどのような取り組
みが行われてきたのだろうか。

■「SDGs 未来都市部会」における町民主導のビジョン策定

　まず行われたのが、2030 年に向けた町のビジョンの策定である。検討を担っ
たのが、町の総合計画審議会に設置された「SDGs 未来都市部会」だ。NPO 法人
代表や主婦、教員など幅広い背景を持つ町民委員 11 名と、町役場の中堅職員 11
名で構成され、2017 年 9 月から 2018 年 4 月にかけ、13 回にわたって会合が開
催された。会合は基本的に夜間に開かれ、委員に「子育て中の母親」がいなけれ
ば、積極的に委員が町内の「子育て中の母親」から意見を聞くなど、可能な限り
幅広い視点で 2030 年のありたい姿を描くように努めたという。

　また部会での検討過程においては、ファシリテーターを務める枝廣淳子さんの
協力を得て、町を取り巻く要素同士の構成を可視化することも試みられた。町の
人口動態や財政状況、ブランド価値など様々な要素が複雑につながり合った町の
構成を「ループ図」で見える化しようとするものだ。

　例えば、〈下川らしさ〉は〈チャレンジ〉という特徴を表し、そのチャレンジ
は、まちに〈産業〉を興し、〈雇用〉を生み、ひいては〈町民の幸福度〉や〈町
の魅力〉が高まって〈移入者〉が増加する、という具合だ（図表 5）。

　このループ図において、出たり入ったりしている矢印の多い要素がレバレッジ
ポイントである可能性が高い。こうした構造を俯瞰して把握しながら、打ち手と
なるプロジェクトを立ち上げるのだ（しもかわ SDGs レポート 2018）。実際に、

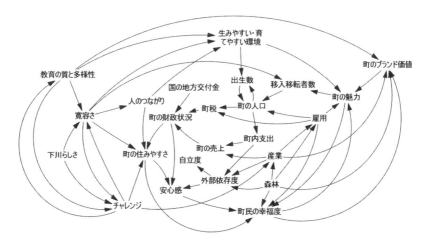

図表5 2030年ビジョンの検討過程で作成されたループ図 （出典：下川町資料より転載）

例えば「（子どもを）産みやすい・育てやすい環境」というレバレッジポイントに対する打ち手として「あんしん子育てサポートシステム構築事業」が策定され、子育て世代の困りごとを町民主体で解決する仕組みを構築しようとしている。

　また、並行して実施されたパブリックコメントの募集にあたっては、同部会の町民委員が住民を集め、ビジョンの内容を共有する場を設けるなど、町民主体の取り組みが進んだ。最終的に、なんと117件ものパブリックコメントが町に寄せられ、住民の関心の高さをうかがわせる結果となった。その中には、「町の外からお金を持ってきて経済を回している林産業や農林業についての将来の位置づけがよく分からない。この点をどのように考えているか、書き加えてほしい」といったような具体的な提案もあったという。この提案に対しては、町役場も「ありたい姿の解説において、地域内経済循環を重視した記載となっていたため、農林業等による『稼ぐ力』の強化について、解説（P5）に追記する」と回答しており、改善に向けた建設的なやり取りが見られる。

　こうした努力の甲斐あって、2030年に向けた町のビジョン「2030年における下川町のありたい姿〜 人と自然を未来に繋ぐ『しもかわチャレンジ』」が、2018年4月に完成を迎えた（図表6）。「誰一人取り残されず、しなやかに強く、幸せ

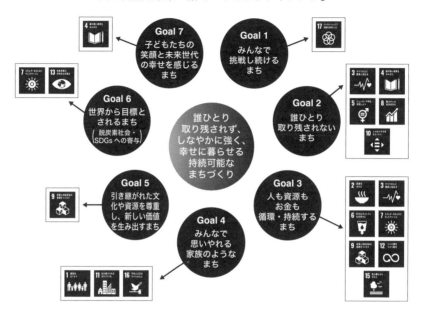

人と自然を未来へ繋ぐ「しもかわチャレンジ」

Goal 7 子どもたちの 笑顔と未来世代 の幸せを感じる まち

Goal 1 みんなで 挑戦し続ける まち

Goal 2 誰ひとり 取り残されない まち

Goal 6 世界から目標と されるまち （脱炭素社会・ SDGsへの寄与）

誰ひとり 取り残されず、 しなやかに強く、 幸せに暮らせる 持続可能な まちづくり

Goal 3 人も資源も お金も 循環・持続する まち

Goal 5 引き継がれた文 化や資源を尊重 し、新しい価値 を生み出すまち

Goal 4 みんなで 思いやれる 家族のような まち

図表6 2030年における下川町のありたい姿（出典：下川町資料(注1) を参考に筆者作成）

に暮らせる持続可能なまち」という下川町のありたい姿、構成要素となる7つの目標と、それぞれの目標を達成するために必要な事業案が盛り込まれている。

　自治体の中には、行政が終始主導して計画を策定するケースもみられるが、これからのまちづくりを考えるならば、住民主導に転換することは大きな変化を起こす可能性を秘めている。もっとも、自治体の職員としては、計画がどのような展開になるか全く予想できないことで、不安になることもあるかもしれない。下川町は、そこで一歩踏み込んだことによって、まちに大きな変化を起こすきっかけを掴んだと言える。

■持続可能な森林未来都市モデルの蓄積

　こうした取り組みの前提として、下川町は、SDGsの文脈で注目される以前か

ら、20年近くにわたって持続可能性を模索し続けてきたことを理解する必要がある。町役場によると、1998年に住民有志が立ち上げた下川産業クラスター研究会と呼ばれる自主研究組織で、すでに「経済・社会・環境の調和による持続可能な地域づくり」が謳われていたという。その後、2007年に策定された自治基本条例では「持続可能な地域社会の実現を目指す」と、持続可能性を前文に位置づけている。さらに2011年からは、SDGs未来都市の前身に位置づけられる「環境未来都市」^(注2)に選定され、森林バイオマスを主としたエネルギー自給の取り組みなど、町有林の利活用を軸に据えた循環型森林経営モデルは当時から注目を集めていた。

　下川町では、約4700haの広大な町有林で、植林してから伐採に至る工程が60年サイクルで繰り返されている。森林（FSC）認証^(注3)を取得して出荷される木材は、世界的にも需要が高い。

　伐採で発生した未利用の林地残材等は、森林バイオマス原料の製造施設で木質バイオマスに姿を変え、寒冷地の生活を支える暖房のエネルギー源として活用される。下川町は、冬場の気温がマイナス30℃に達するため、暖房に供するエネルギー負担が非常に大きい。そこで、町内に11基設置されたバイオマスボイラーによる熱によって、役場や学校等30施設に暖房や温水が供給されているのだ。現在、地域の熱自給率は56％に到達、エネルギー転換によって地域全体の二酸化炭素排出量を20％削減し、年間約2600万円のエネルギー購入コスト削減を実現している。さらに、エネルギー転換によって削減されたこうしたコストは地域の子育て支援に活用されるなど、次代への投資に向けられている。

■「一の橋バイオビレッジ」におけるエネルギー自給型の集住

　このような持続可能な森林未来都市モデルにおける象徴的な事業の1つが「一の橋バイオビレッジ」である。

　下川町の中心部から12kmほど離れた場所にある一の橋地区には、ピークの1960年当時で約2000人が暮らしていた。しかし、林業や木材加工業衰退とともに人口減少が続き、現在では約130人にまで減少。高齢化率が50％を超えるまでになった。

そこで町役場は、この地区の暮らしを自立的・安定的に継続させるため、"超高齢化に対応するエネルギー自給型の集住化エリア"とする目標を掲げて2010年度から取り組みを開始。住民とも議論を重ねつつ、2013年5月に整備を完了した。各戸が屋根のある廊下でつながった22戸の集住化住宅が建設され、バリアフリーに配慮した1LDKから3LDKまで間取りの異なる部屋が配置されている。

　敷地内には、2基の木質バイオマスボイラー（図表7）が設置され、森林バイオマス原料により暖房と給湯の熱を生み出している。この熱を利用してハウス栽培されたシイタケは、年間約7000万円を売り上げているという（図表8）。

　同地区には、商店も病院もなく、買い物や除雪等の支援要望の増加などの課題が顕在化しているが、地域おこし協力隊が中心となって地域食堂を運営し、地元の産品を用いるなど、地域活性化に向けた取り組みが進められている。

図表7　一の橋地区の地域熱供給システム

図表8　町職員でシイタケ栽培責任者の平野優憲さん（左）とシイタケ（右）

■ SDGs 未来都市 "第一世代" の現在地

第1回ジャパンSDGsアワードで大賞を受賞した背景には、このように未来を見据えて一連の政策に反映させてきた長年の積み重ねがある。SDGs 未来都市部会で部会長を務めた麻生翼さん(図表9)は、「環境的にも厳しい地域で、持続性を考えざるを得な

図表9　筆者(右手前)らのヒアリングに対応してくれた未来都市部会長を務めた麻生翼さん(左手前)

かったと言えます。その取り組みが結果的にSDGsの文脈で評価されたのではないでしょうか」と教えてくれた。

いわば「第一世代」として道を切り拓いてきた下川町だが、SDGs 採択から4年が経過した今でも、まだまだ取り組みを加速させている印象がある。

積極的に進められていることの1つが、若者との連携だ。町役場でのインターンシップに地域おこし協力隊制度を活用し、生活費の不安なく取り組める環境を整備するなどの支援をしている。

STEP 4でも紹介した、慶應義塾大学大学院の修士課程に在学する清水瞳さん(図表10)はその一人だ。2018年2月に開催されたSDGs 未来都市部会に同席し、その後、同年8月に10日間の短期インターンシップに従事。2019年6月から半年間にわたって下川町役場SDGs推進戦略室で本格的なインターンシップに参加し、「しもかわSDGsアンバサダー」として、SDGsの町内外への普及や情報発信の強化を担っている。

また下川町では、「シモカワベアーズ」という移住促進

図表10　視察者に一の橋集住化住宅バイオビレッジの案内をする清水瞳さん

事業を2017年から行っている。これも地域おこし協力隊制度を活用した取り組みで、全国から持続可能なまちづくりに向けた事業を立ち上げようとする仲間を募るものだ。

　事業の詳細をまとめた特設サイトを見てみると、募集にあたっては「下川版SDGs『2030年における下川町のありたい姿』にある7つの目標を、事業を通じて達成すること」という条件が設けられていることが分かる。目標ごとの事業例も挙げられており、**ゴール⑥**「世界から目標とされるまち」なら「ゼロ・エミッションの木材加工にのっとった新しいプロダクト開発」や「木質バイオマスボイラーの余熱を活かした新事業」が例示されている。こうした事業を起こしたいと希望している町外の移住希望者にとっては、後押しをしてくれる仕組みだろう。

　蓑島室長は、「SDGsをきっかけに大きく変わったことは、パートナーシップの範囲が広がったことです」と語る。吉本興業と連携した「しもかわ森喜劇」という公演の実現はその1つだ。上演するにあたり、クラウドファンディングで町内外からの共感を集めながら、町民も役者として劇に出演するなど、まちを挙げた連携に取り組んだ。

　下川町は、SDGsをきっかけに「答えのない問いに対して、自分たちで考える力」を向上させている。近隣の自治体と足並みを揃えるのではなく、SDGsをきっかけに道外、そして国外にも視野を広げ、「自分たちにもできる」という成功体験を経た下川町は、これからも継続的に自分たちの状況を改善させていくことができるはずだ。

図表11　シモカワベアーズのウェブサイト（出典：シモカワベアーズ・ウェブサイト）

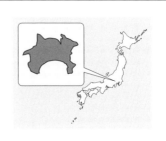

ケーススタディ

国際的な存在感の向上に
つなげる

―――――― 神奈川県

■ 近接地域全体としての取り組みへの評価

　2018 年は「SDGs 元年」という言葉が使われるほど、日本国内の自治体で急速に持続可能な開発目標（SDGs）の達成に向けた取り組みが広まっていった年だ。その大きな要因は、政府が推進する「SDGs 未来都市」と「自治体 SDGs モデル事業」だったことは間違いないだろう。SDGs 未来都市は、省庁横断的な支援を受け、成功事例を国内外へ発信することができる。また、自治体 SDGs モデル事

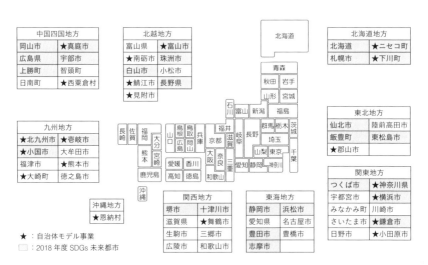

図表 12　2018 〜 19 年度 SDGs 未来都市選定都市一覧

業には、上限 4000 万円（2019 年度は上限 3000 万円）の補助金が交付される。

　モデル事業に選定された 10 都市のうち、神奈川県から 3 自治体（神奈川県、横浜市、鎌倉市）が選定された。地域的な偏りがあるようにも見えるが、これはむしろ、地域全体が SDGs に積極的に取り組んでいることを示していると言える。その後、2019 年度には川崎市と小田原市が加わり、広域自治体である神奈川県も含め、近接した地域に 5 つの SDGs 未来都市が存在している（図表 12）。

■ 広域自治体ならではのリーダーシップと統合的な視点

　神奈川県は 2018 年夏、鎌倉市の由比ヶ浜に打ち上げられたシロナガスクジラの胃の中からプラスチックごみが発見されたことを契機として、「かながわプラごみゼロ宣言」を掲げた。県内の飲食店やコンビニエンスストアなどと連携して、プラスチック製ストローやレジ袋の利用廃止・回収に取り組もうとするものだ。東京 2020 オリンピック競技大会のセーリング競技会場となる湘南港（江の島ヨットハーバー）に海洋プラスチックごみ回収装置（Seabin）を 2 基導入して、実際に海洋中のプラスチックごみを回収することも試みている。

　2019 年 1 月には、神奈川県の主導により、横浜市、鎌倉市とともに、県内 33 全市町村、都道府県を含む 93 自治体の賛同を得て「SDGs 全国フォーラム 2019」を横浜で開催した。内閣府特命担当大臣や、外務副大臣をはじめ、県内外からも多くの首長が出席し、来場者は 1200 人を超えたという。そして、県内 33 全市町村、都道府県を含む 93 自治体の賛同を得て、SDGs に官民連携で取り組む地域発の「SDGs 日本モデル宣言」を発表している（2019 年 12 月現在、157 自治体が賛同）。幅広い自治体とパートナーシップを構築しながらリーダーシップを発揮していることは、神奈川県の特徴の 1 つだ。

　そのほかにも、神奈川県内の SDGs に関する取り組みをまとめた「SDGs アクションブックかながわ」を作成し、子どもから大人まで、広く県民に取り組みが伝わるよう工夫を施している。

　これらの取り組みについて、神奈川県いのち・SDGs 担当理事の山口健太郎さんは「例えば、障がい者支援に関する活動であっても、環境団体とコラボレーションする可能性を探るなど、地域の課題に対して、SDGs を軸としながら、多面

的かつパートナーシップで取り組む必要性を呼びかけている」と語る。SDGs を
きっかけにして、こうした統合的な観点が自治体にもたらされている。

■国外での存在感を高める国際的な舞台での発信

　神奈川県は、こうした取り組みを国際会議で積極的に発信し、存在感を高める
ことに成功している。

　2019 年 7 月には、国連から招聘を受け、同月 16 日にニューヨークの国連本部
で開催された「ハイレベル政治フォーラム」（次節で詳述）の主要イベント「Local
2030」に黒岩祐治知事が登壇した。発表中には、神奈川県の SDGs に関する取り
組みや、「SDGs 全国フォーラム 2019」で発表した「SDGs 日本モデル」宣言に
ついて報告し、議場では大きな拍手が沸き起こった。

　また翌 8 月末に横浜で開催された第 7 回アフリカ開発会議（TICAD7）の場で
は、来日した国連開発計画（UNDP）のアヒム・シュタイナー総裁と黒岩知事が、日
本国内外での SDGs ローカライゼーションの推進等に向けて「連携趣意書」を締
結。これに基づき UNDP から招聘を受けた県は、UNDP が主催する国連総会のサ
イドイベント「Making Cities For All」に川廷昌弘さん（神奈川県 SDGs 推進担当
顧問）を登壇させ、県の取り組みについてニューヨークから世界にアピールする
機会を再度得ている。

　なおこのサイドイベントには、アメリカのニューヨーク市やロサンゼルス市の
ほか、ラパス市（ボリビア）、ドバイ市（アラブ首長国連邦）など、世界中から
登壇者が集い、情報共有も行われた。こうして自治体が優良事例を共有すること
は、世界における日本の自治体の存在感を高めることにもつながるだろう。

■コミュニケーションの専門家との協働

　先述のサイドイベントに登壇した川廷さんは、広告会社の博報堂Ｄ Ｙ ホールディ
ィングスで、グループ広報・IR 室 CSR グループ推進担当部長を務めるソーシャ
ル・コミュニケーションの専門家である。

　演説の中で、川廷さんは SDGs が視野に入れる次世代への思いを次のように表
現している（図表 13）。

図表 13　国連本部での UNDP 主催イベントで発表する川廷さん

"We cannot betray Greta Thunberg, we cannot betray next generations any-
more ! Show that local governments can actually change the world by involv-
ing both private sectors and public sectors."(注4)
（邦訳：我々はグレタを裏切れない、次世代を裏切れない、これ以上！
官民を巻き込むことで本当に世界を変えられることを自治体が示そう）

　このように、SDGs の本質を射た言葉で、その意義や行動を促す内容を社会に
向けて効果的に発信し、取り組みを加速させていく専門家を招き、意見を積極的
に取り入れていくことで、神奈川県は、SDGs 達成に向けて取り組む企業との連
携や、成果連動型民間委託といった様々な民間支援の仕組みを創発している。

SDGs を活用して世界と学び合うためには

■ 世界視点のフォローアップ・レビューの場「ハイレベル政治フォーラム」

　各国で進められる SDGs に関する取り組みについて、全世界レベルでの
フォローアップやレビューの場となるのが、国際連合が主催する「ハイレ
ベル政治フォーラム（以下、HLPF）」と呼ばれる国際会議だ。2030 アジェ
ンダ（p.80 参照）の「フォローアップとレビュー」の項目で、中心的な役
割を果たすものとして位置づけられている。

　HLPF は、ニューヨークの国連本部で、国連の経済社会理事会によって
毎年 7 月に開催されており、各国から政府の閣僚級が出席する。政府関係
者だけでなく、自治体やビジネス界のリーダー、NGO なども世界中から集
まる。また 4 年に 1 度は、国連総会のもとで首脳級が出席する、通称「SDGs
サミット」も開かれている。

　HLPF の中心的なプログラムの 1 つが、各国の SDGs の進捗について発

年	レビュー対象のゴール	サイド イベント数	サイドイベントの題目（例）
2017		147	飢餓のない世界へ向けて －全ての人に十分な栄養を－ (Toward a hunger-free world, with adequate nutrition for all)
2018		260	アジア太平洋地域における 持続可能な都市に向けて (Toward Sustainable Cities in Asia-Pacific)
2019		156	SDGs のローカライズ： 2030 アジェンダのための地方政府の 役割と影響 (Localizing the SDGs: the role and impact of local authorities for the 2030 Agenda)

図表 14　ハイレベル政治フォーラムでのレビュー対象のゴールとサイドイベントの数
(出典：HLPF ウェブサイト(注5) をもとに筆者作成)

166

表・共有する「自発的国家レビュー（Voluntary National Review；VNR）」だ。2016 年は 22 カ国、2017 年は 43 カ国、2018 年は 46 カ国、そして 2019 年は 47 カ国と、その参加国数は年を追うごとに増加している。

　また、HLPF では毎年、SDGs の 17 あるゴールのうちいくつかがテーマとして指定されていて、それぞれに応じたレビューやサイドイベントが国連内外で開催される（図表 14）。2018 年には、**ゴール6**「安全な水とトイレを世界中に」、**ゴール7**「エネルギーをみんなに　そしてクリーンに」、**ゴール11**「住み続けられるまちづくりを」、**ゴール12**「つくる責任　使う責任」など自治体の公共サービスと関係の深いゴールが指定され、世界中からも多くの自治体関係者がニューヨークに集まった。また、ニューヨーク市、並びに日本の 3 自治体（下川町、富山市、北九州市）が世界で初めて自治体レベルの SDGs に関する取り組みをまとめた「自発的都市レビュー」を発表し、世界に先鞭をつけている。

■ 日本政府・自治体の取り組み

　日本政府は、HLPF においては 2017 年に外務大臣が発表し、「SDGs 推進本部」の設置や、「SDGs 推進円卓会議」等における意見交換を経た「SDGs 実施指針」の作成をはじめ、政府等の取り組みについて紹介している。なお、2019 年 9 月に開催された SDGs サミットには、総理大臣が出席している。

　2018 年 7 月 16 日に開催された「地方・地域政府フォーラム」、および翌 17 日に開催された日本政府主催「持続可能な都市の実現に向けたアジア太平洋地域のイニシアティブ」では、日本の自治体として唯一、北九州市の北橋健治市長が出席し発表を行い、先述のレポートを共有している。

　こうした場に日本の自治体が積極的に参加することで、SDGs の達成に向けた各国の動向を首長や職員が肌で感じ、新たな取り組みの創出に向けた視点を得ることもできる。そうした経験を活かし、自治体による SDGs

への取り組みがさらに進めば、各自治体の強みや知見が国際的に認知される機会が増え、自治体の国際協力の拡大につながる可能性もある。日本の自治体が取り組んでいる政策・施策の中には、世界中の自治体にとって参考になるものが多くあるからだ。

　実際、筆者が所属する団体（SDGs-SWY）が IGES などと共同で日本の自治体の取り組みをまとめた「日本の自治体 SDGs マップ」には、2018 年

図表 15　国連本部前で「自治体 SDGs マップ」を手にする北橋北九州市長と筆者ら（提供：北九州市）

図表 16　実際に配布された「自治体 SDGs マップ」

7月のハイレベル政治フォーラムで配布した際、多くの海外自治体が関心を示した（図表 15、16）。

　今後数年間のうちに、さらに多くの自治体が、こうした国際会議で事例を発表し、世界中の自治体と学び合うような状況が生まれてほしい。

■ 優良事例を正しく踏まえる

　本節冒頭で紹介したように、HLPF などの国際会議では多くの自治体によって SDGs に関する優良事例（グッド・プラクティス）が発表され、インターネットの発展によって簡単に世界中の事例を知ることができるようになった。しかし、当たり前のことだが、優良事例を何の工夫もなく自分たちの自治体に当てはめても、同じように成功するとは限らない。

　例えば、A 市と B 市の解決したい課題が同じだったとしても、その課題の背景にあり、実際に課題を引き押している問題群や、利害関係者も地域

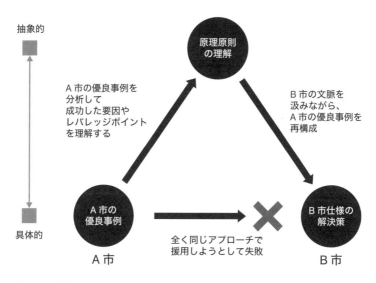

図表 17　優良事例を参考にする際の注意点

によって異なる。STEP 2 で行ったように、課題の背景にある問題をきちんと分析することが必要だ。図表 17 にあるように、A 市で成功した優良事例がある場合、B 市がその優良事例を援用しようとするならば、まず優良事例を分解して、その原理原則を掴み、どういった要因が成功要因だったか理解しながら、抽象度を上げていく。そして、改めて B 市の状況に適うように再構成して具体化していく。こうしたプロセスは、分かっているようで、意外に頭から抜け落ちてしまうことがあるので、注意する必要がある。

　このようなローカライズの構造を念頭に置きながら、優良事例から新たな視点と解決策へのヒントを得て、さらに新しい解決策へとスケールアップさせてほしい。

■ 「にわか」でもまずは自分なりに取り組んでみる

　SDGs に係るグローバルな動きを見ても、これまでの 4 年間は、SDGs の普及に費やされたと言えるだろう。その結果、SDGs の認知度は確実に向上し、様々な場面が取り上げられるようになった。しかし、認知度を向上させるだけでは、目標達成に直接結びつかない。本年 9 月に開催された SDGs サミットでは、"Gearing up for a decade of action and delivery for sustainable development" と明確に政治宣言がなされ、SDGs 達成に向けた行動の必要性が強調されている。

　たとえ、はじめは「にわか」であっても、全く問題ない。そもそも誰がにわかで、誰がにわかでないかの線引きもない。できるだけ多くの人が SDGs について知り、自分なりに解釈しながら SDGs の達成に向けて取り組んでいくことが、結果的に SDGs が目指す持続可能な社会の構築につながることを望んでやまない。

注

1. 下川町資料は同町ウェブサイトで公開されているものから引用している。
「2030 年における下川町のありたい姿 〜人と自然を未来へ繋ぐ「しもかわチャレンジ」〜」
https://www.town.shimokawa.hokkaido.jp/section/kankyoumirai/files/01sdgs_vision.pdf
（最終アクセス日：2019 年 11 月 10 日）
2. 環境や高齢化など人類共通の課題に対応し、環境、社会、経済の三つの価値を創造することで
「誰もが暮らしたいまち」「誰もが活力あるまち」の実現を目指す、先導的プロジェクトに取り
組んでいる都市・地域を指す（内閣府地方創生推進事務局〈https://www.kantei.go.jp/jp/singi/tiiki/
kankyo/〉）。内閣府によって 2011 年から選定が行われ、下川町や富山市、北九州市など、後の
SDGs 未来都市にもつながる取り組みが進められた。
3. FSC 認証について、WWF ジャパンはウェブサイトで「FSC(R)（Forest Stewardship Council(R)、
森林管理協議会）とは、木材を生産する世界の森林と、その森林から切り出された木材の流通
や加工のプロセスを認証する国際機関。その認証は、森林の環境保全に配慮し、地域社会の利
益にかない、経済的にも継続可能な形で生産された木材に与えられます。この FSC のマーク
が入った製品を買うことで、消費者は世界の森林保全を間接的に応援できる仕組みです。」と
説明している。
4. 「SDGs で暮し方を変える」『SHONAN VISION Social Magagine』vol.24（2019 年 8 月）、pp.2-10
5. HLPF ウェブサイト　https://sustainabledevelopment.un.org/hlpf/2019

参考文献

1. 蟹江憲史（2017）『持続可能な開発目標とは何か 2030 年へ向けた変革のアジェンダ』pp.1-20、
ミネルヴァ書房
2. 下川町ウェブサイト
https://www.town.shimokawa.hokkaido.jp/section/kankyoumirai/2018-0423_SDGs_vision.html
（最終アクセス日：2020 年 1 月 16 日）
3. シモカワベアーズ 2020 ウェブサイト
https://shimokawa-life.info/shimokawabears/（最終アクセス日：2020 年 1 月 16 日）
4. 下川町ウェブサイト「意見募集（パブリックコメント）による意見内容及び回答」
https://www.town.shimokawa.hokkaido.jp/section/kankyoumirai/files/02sdgs_public_comment.pdf
（最終アクセス日：2020 年 1 月 16 日）
5. 内閣府「SDGs 未来都市等の選定結果及び今後の取組について」
https://www.kantei.go.jp/jp/singi/tiiki/kankyo/kaigi/dai7/sdgs_hyoka7_shiryo1.pdf
（最終アクセス日：2020 年 1 月 16 日）
6. 内閣府「令和元年度「SDGs 未来都市」等の選定について」
https://www.kantei.go.jp/jp/singi/tiiki/kankyo/teian/2019sdgs_pdf/sdgsfuturecitypress0701.pdf
（最終アクセス日：2020 年 1 月 16 日）
7. United Nations「SSUTAINABLE DEVELOPMENT GOALS KNOWLEDGE PLATFRM」
https://sustainabledevelopment.un.org/hlpf/2019（最終アクセス日：2020 年 1 月 16 日）
8. WWF ジャパンウェブサイト「環境にやさしい森林認証制度、FSC について」
https://www.wwf.or.jp/activities/basicinfo/3547.html（最終アクセス日：2020 年 1 月 16 日）

もっと学びたい人のために

本書をご覧いただき、SDGs のことをさらに深く知りたいとアンテナを張っている方のために、筆者がオススメする「学びの場」「書籍」「ウェブサイト」をご紹介する。ぜひ活用いただき、あなたの「自治体と SDGs の世界」を、どんどん広げていただきたい。

学びの場

■明治大学公共政策大学院ガバナンス研究科（専門職修士課程）

米国から専門家を招き、SDGs と政策評価に関するセミナーを開催（提供：明治大学公共政策大学院）

明治大学公共政策大学院ガバナンス研究科は、自治体職員や議員に限らず、民間企業や NPO/NGO など、様々な背景を持つ学生が学んでおり、多様なステークホルダーで公共的課題に取り組んでゆく「ガバナンス」の概念を体感しながら公共政策を学ぶには最適の場所だ。2019 年度からは SDGs をテーマにした授業を開講しており「SDGs と自治体」について深く学ぶことができる。また、平日夜間と土曜日に開講する日本語コースのほかに、昼間に開講する英語コースがあり、録画した授業によるリモート・ラーニングなど、自治体職員も学びやすい環境が整えられている。

書籍

■持続可能な開発目標とは何か：2030 年へ向けた改革のアジェンダ

編著：蟹江憲史／発行：ミネルヴァ書房
SDGs 研究の第一線で活躍する専門家がまとめた書籍。SDGs が採択されるまでの交渉の経緯など、当事者だからこそ語れるストーリーも記述されており、SDGs の本質に迫る一冊。専門書のため、学びを深めるために必読の書である。

■未来を変える目標：SDGs アイデアブック

編著：一般社団法人 Think the Earth ／監修：蟹江憲史／発行：紀伊國屋書店
SDGs の各ゴールを身近な事例で紹介し、初学者にも分かりやすい一冊。マンガでストーリーが展開される点も、読者のハードルを下げてくれる。気になった SDGs のゴールをターゲットや指標まで深堀して知りたい時には、QR コードで特設サイトにアクセスできる。

■基本解説：そうだったのか。SDGs

編集・発行：一般社団法人 SDGs 市民社会ネットワーク

ゴールとともに SDGs のシステムを構成するターゲットと指標を詳しく説明してくれる一冊。専門家による解説や社会課題の事例紹介、日本政府が策定した「SDGs 実施指針」から SDGs 関する日本の現状と政策・実施メカニズムの在り方まで幅広く知ることができる。

■持続可能な地域のつくり方：未来を育む「人と経済の生態系」のデザイン

著者：筧 裕介／発行：英治出版

SDGs のみならず、持続可能な開発な地域をつくっていくためにどうしたら良いかを突き詰めた一冊。著者の長年にわたる地域での経験が丁寧に言語化されており、非常に分かりやすく書かれている。SDGs に関連するデータや事例も豊富に掲載されている。

■パートナーシップでつくる私たちの世界（概要編）

編集・発行：一般社団法人 環境パートナーシップ会議

SDGs（持続可能な開発目標）を地域づくりにいかすためのハンドブック。SDGs 採択までの背景やポイント、17 の目標それぞれの背景を具体的なデータで解説するとともに、日本の状況と関連づけて紹介。別途、事例編も発行されており、国内の取組を中心に紹介されている。「サステナビリティ CSO フォーラム」ウェブサイト（https://sus-cso.com/kiji/sdgs_applicationform）からダウンロード可。

■ SDGs 白書 2019

編著：慶應義塾大学 SFC 研究所xSDG・ラボ／発行：インプレス R & D

SDGs を解説する日本初の白書。2019 年は国連本部で SDGs サミットが開催され、あらゆるステークホルダーが本格的なアクションを起こす節目の年になることを踏まえ、国際機関から企業、自治体、NPO/NGO に至るまで、様々なセクターの第一人者による寄稿と、日本における指標データをまとめた一冊。

ウェブサイト

■ SDGs-SWY ► https://sdgswy.wixsite.com/home

ポスト 2030 を担うミレニアル世代（1980 年代以降に生まれた世代を指す）による SDGs 推進を目的に活動する団体。ウェブサイトでは滋賀県知事をはじめ、自治体関係者によるインタビュー記事も豊富に公開されている。

■ ローカル SDGs プラットフォーム ► https://local-sdgs. jp/

自治体における SDGs 達成に向けた取組や成功事例を登録・検索・共有することができるプラットフォーム。SDGs 未来都市計画を策定している自治体も検索できる。

■ 2030 SDGs で変える by 朝日新聞社 ► https://miraimedia.asahi.com/

SDGs に関する様々な情報を幅広く掲載。自治体の事例も豊富に紹介されており、神奈川県や静岡市の取り組みを詳しく知ることができる。

■ 外務省 JAPAN SDGs Action Platform ► https://www.mofa.go.jp/mofaj/gaiko/oda/sdgs/index.html

SDGs の基礎的な説明から日本政府の取り組み、ジャパン SDGs アワードの結果まで紹介。また、ゴールごとに優れた取り組みを行う自治体や企業を一覧にまとめている。

おわりに

　最後までこの本を読んでくださり、本当にありがとうございました。数あるSDGs関連の書籍の中から、本書を手に取ってくださったことをとても嬉しく思います。

　この本を出版することは、かねてから私の目標でした。今から2年半ほど前、私が自治体を退職し、SDGsのローカライズ等を研究するため米国に旅立った頃は、今ほどSDGsが知られていたわけでもなく、ましてやSDGsの達成に向けて取り組んでいる自治体はほとんどありませんでした。

　しかし、SDGsが全国の自治体に広がり、その活用を模索する時期が必ず来るという確信めいたものが私にはありました。同時に頭に浮かんだのは、SDGsという新たな横文字の羅列に接し、どのように活用すれば良いのかと頭を抱える自治体職員の姿でした。

　それもそのはず、基礎自治体の多くは、国連や国際社会との接点はほとんどありません。そのため、学識経験者やコンサルタント会社に頼らざるを得ない状況に陥ることも、肌感覚で予感していました。

　そうした状況においても、机上の空論ではなく、当事者である自治体職員と住民が中心となって、新たな可能性を見つけ出し、形にしていくことが必要になるはずだと感じました。

　実は、今から20年前、私は短期のサッカー留学でブラジル・リオデジャネイロに行ったことがあります。地域によっては、上下水道が整っておらず、ゴミも散乱し、貧困が目の前に広がっていました。その光景を目にして「自治体」の重要性に気づき、公務員を目指しました。

　実際に働いてみて、日本の自治体職員の仕事は世界に誇れるものだと感じました。しかし、そんな日本でも、LGBTQや障がいを抱える人々、女性、高齢者、ひとり親など、困難な状況に置かれがちな人がいます。そして環

境問題など、未来に残しかねない課題もあります。

　そこで、「未来の世代も含め、誰もが安心して暮らせるまち」を実現したい。これが自分の信念であり、SDGsには実現するためのヒントが含まれていると考えています。

　実際に向き合ってみると、自治体職員にとってSDGsは非常に難解な代物です。本気でSDGsを活用しようと思ったら、自治体職員も必死にならなくてはなりません。その過程で、「SDGsは自治体の痛いところをついてくるな」と思うこともあるでしょう。もしかしたら、こうした痛みを避けるために、SDGsへの「対応」に終わってしまう自治体もあるかもしれません。しかし、本書を手にした皆さまには、SDGsを「活用」して、住民一人ひとりの顔を思い浮かべながら、政策・施策・事業の改善に取り組んでいただきたいと願っています。本書がそのお役に立てるならば、望外の喜びです。

　自治体で働いていると、非常に幅広い利害関係者（ステークホルダー）と関わる機会があります。そういった状況の中で、調整能力に長けている自治体職員は、庁内外での様々な関係性の中で、無意識のうちに「落としどころ」を見つけてしまいがちです。

　しかし、SDGsは野心的な「高い目標」を掲げることから始まります。そして、その高さは「落としどころ」を知らない人の方が高く設定できます。庁内外で賛否両論が出るくらいの高さが良い塩梅でしょう。SDGsをきっかけに、「この目標は、少し高いかな」と思って違和感を覚えるくらいの高さに設定して、新たなまちの姿を描き、小さな改善を積み重ねながら、目標を実現してください。

　冒頭で、本書を手に取った皆さんが「SDGsのメガネ」をかけ、少なくとも「自分ごと段階」に到達していただくことを目標に掲げましたが、実際に本書を通読して、こうした状況に達していただけていれば、心から嬉しく思います。そして、本書をきっかけに、「自分ごと段階」のさらに先へ

突き進んでいかれることを楽しみにしています。

2020 年 2 月吉日

高木 超

謝 辞

　はじめに、学芸出版社の松本優真さんに特別の感謝を申し上げます。東京駅近くの喫茶店で、初めて打ち合わせをした時に感じたのは、とにかく彼が「無類の本好き」であるということでした。「良い本を世に出したい」という熱意が伝わってくる編集者で、そんな彼が私の担当をしてくださったから、本書が出版に至りました。

　STEP 1 では、ご紹介した 2 つのカードゲームを作成し、公認ファシリテーターを育成する株式会社プロジェクトデザインの竹田法信さん、公認ファシリテーターとして北海道を中心に活躍されている黒井理恵さん（株式会社 DKdo 取締役）にご協力頂きました。

　STEP 2 では、鹿児島大崎町の中野伸一さん、松元昭二さん、森田晃代さんにおかれましては、私が訪問した際に、早朝の資源回収から夜遅くまで、詳細に大崎町の取り組みをご説明頂くなど、非常にご丁寧にご対応頂きました。

　STEP 2 と STEP 3 でご紹介したワークショップ手法の開発に際して、多大なるお力添えをくださった神奈川県内の自治体職員による横断的な自主研究グループ「神奈川自治政策研究会（K33 ネットワーク）」に関係する方々にご協力頂いております。特に、2019 年 7 月に開催したワークショップ試行の場で、岩村啓史さん、久保田慶太さん、久保田美紀子さん、佐藤佑香さん、照山倫広さん、堂谷拓さん、中川あゆみさん、松本裕之さん、松本綾子さんにご参加頂き、沢山のご助言を頂きました。

　STEP 4 の前半でご紹介した「能登 SDGs 評価プロジェクト」の共同研究者である北村健二さん（能登 SDGs ラボコーディネーター）、永井三岐子さん（国連大学サステイナビリティ高等研究所いしかわ・かなざわオペレーティングユニット事務局長）、そして、プロジェクトに参加頂いた皆さまに

多大なるお力添えを頂きました。

　後半では、大津市の中谷祐士さんにご協力頂き、鎌倉市の事例では、松尾崇市長、比留間彰さんをはじめ、多くの方々にお力添え頂きました。

　終章では、下川町の事例紹介で、同町の蓑島豪さん、平野優憲さん、総合計画審議会 SDGs 未来部会長の麻生翼さん、下川町 SDGs アンバサダーの清水瞳さん、和田恵さんに多大なるご協力を賜りました。また、神奈川の事例紹介では、神奈川県顧問の川廷昌弘さん、SDGs・いのち担当理事の山口健太郎さん、SDGs 推進課の清水潮音さんにお力添えを賜りました。そして、本研究の一部は、㈶環境再生保全機構の環境研究総合推進費（S－16）により実施されています。

　こうして、多くの皆さまのお力添えにより、本書を作り上げることが叶いました。記して心から感謝申し上げます。ここにお名前を掲載しきれなかった、普段から私を支えてくださる皆さまにも重ねて感謝申し上げます。

　また、現在は上司として、いつも支えてくださる蟹江憲史先生（慶應義塾大学大学院）、大学院の恩師である源由理子先生（明治大学公共政策大学院）をはじめ、多くの尊敬できる先生方にご指導頂く機会に恵まれ、現在の自分があります。改めて感謝申し上げます。

　最後に、公務員を辞めて米国に留学する時も、日本に帰国して大学教員になる時も、いつも私を信じて応援してくれる家族に深い感謝を込めて。

2020 年 2 月　横浜・みなとみらいにて

高木 超

著者プロフィール

高木 超（タカギ・コスモ）　　　ロゴデザイン：玉田直哉

慶應義塾大学大学院 政策・メディア研究科 特任助教
国連大学サステイナビリティ高等研究所いしかわ・かなざわオペレーティング・ユニット（UNU-IAS OUIK）リサーチ・アソシエイト
1986 年東京都生まれ。NPO 等を経て、2012 年から神奈川県大和市役所の職員として住民協働等を担当。17 年 9 月に退職し、渡米。クレアモント評価センター・ニューヨークの研究生として「自治体における SDGs のローカライズ」に関する研究を行うほか、国連訓練調査研究所（UNITAR）とクレアモント大学院大学が共催する「SDGs と評価に関するリーダーシップ研修」を修了。19 年 4 月から現職（国連大学は同 9 月着任）。内閣府地域活性化伝道師、鎌倉市 SDGs 推進アドバイザー、亀岡市 SDGs アドバイザー参与、能登 SDGs ラボ連携研究員。そのほか、ミレニアル世代・Z 世代で SDGs を推進する団体「SDGs-SWY」を創設し、2021 年 3 月まで共同代表。著書に『まちの未来を描く！自治体の SDGs』（学陽書房）。日本評価学会認定評価士。

SDGs × 自治体 実践ガイドブック
現場で活かせる知識と手法

2020 年 3 月 15 日　第 1 版第 1 刷発行
2021 年 6 月 20 日　第 1 版第 3 刷発行

著　者………高木 超

発行者………前田裕資

発行所………株式会社学芸出版社
　　　　　　京都市下京区木津屋橋通西洞院東入
　　　　　　電話 075 − 343 − 0811　〒 600 − 8216
　　　　　　http://www.gakugei-pub.jp/
　　　　　　info@gakugei-pub.jp

編集担当……松本優真

装　丁………赤井佑輔（paragram）
印　刷………イチダ写真製版
製　本………新生製本

ISBN 978 − 4 − 7615 − 2732 − 7

SDGs 先進都市フライブルク　市民主体の持続可能なまちづくり

中口毅博・熊崎実佳 著

A5 判・220 頁・本体 2600 円＋税

環境、エネルギー、技術革新、働きがい、人権、教育、健康……フライブルクでは SDGs に関わる市民・企業活動が広がっている。本書では、それらがなぜ個々の活動をこえて地域全体の持続可能性につながっているのかを探り、SDGs を実現するために自治体や企業、市民が考えるべきこと、政策や計画立案、協働・連携のヒントを示す。

神山進化論　人口減少を可能性に変えるまちづくり

神田誠司 著

四六判・256 頁・本体 2000 円＋税

徳島県神山町。人口 5300 人、志の高い移住者が集まる地方再生の先進地。町は今、基幹産業の活性化、移住者と地元住民の融合、行政と民間企業の連携、担い手の世代交代などの課題解決のため、農業、林業、建設業、教育の未来をつくるプロジェクトに取り組む。100 人以上のプレイヤーたちに取材した現在進行形のドキュメント。

みんなでつくる総合計画　高知県佐川町流ソーシャルデザイン

チームさかわ 著／筧 裕介・issue + design 監修

B5 変判・168 頁・本体 2200 円＋税

人口減少時代、全国の地域が最初にするべきことは、住民みんなで未来を描くことだ。高知県佐川町では住民 353 名、役場のコアメンバー 26 名、オールメンバー 112 名が 2 年を費やして異色の総合計画を作りあげた。全 18 回の住民ワークショップ、457 個のアイデアから描き出された、25 の未来・まちの姿。その実現アクションを完全収録。

ワークショップ　住民主体のまちづくりへの方法論

木下 勇 著

A5 判・240 頁・本体 2400 円＋税

ワークショップが日本に普及して四半世紀。だが、まちづくりの現場では、合意形成の方法と誤解され、住民参加の免罪符として悪用されるなど混乱や批判を招いている。世田谷など各地で名ファシリテーターとして活躍する著者が、個人や集団の創造力を引き出すワークショップの本質を理解し、正しく使う為の考え方、方法を説く。

コミュニティデザイン　人がつながるしくみをつくる

山崎 亮 著

四六判・256 頁・本体 1800 円＋税

当初は公園など公共空間のデザインに関わっていた著者が、新しくモノを作るよりも「使われ方」を考えることの大切さに気づき、使う人達のつながり＝コミュニティのデザインを切り拓き始めた。公園で、デパートで、離島地域で、全国を駆け巡り社会の課題を解決する、しくみづくりの達人が、その仕事の全貌を初めて書き下ろす。

ワールド・カフェから始める地域コミュニティづくり 実践ガイド

香取一昭 ・大川 恒 著

四六判・200 頁・本体 2000 円＋税

創造性に富んだ会話ができる場とプロセスから、新たなチームやコミュニティが生まれてくるワールド・カフェ。これまで 2000 人以上のファシリテーターを養成してきた著者が、ワールド・カフェを活用した地域コミュニティづくりを行っていく際のポイントと手順、カフェ終了後の展開について、多様な事例を交えて解説する。

ポートランド 世界で一番住みたい街をつくる

山崎満広 著

四六判・240 頁・本体 2000 円＋税

この 10 年全米で一番住みたい都市に選ばれ続け、毎週数百人が移住してくるポートランド。コンパクトな街、サステイナブルな交通、クリエイティブな経済開発、人々が街に関わるしくみなど、才能が集まり賢く成長する街のつくり方を、市開発局に勤務する著者が解説。アクティビストたちのメイキング・オブ・ポートランド。

世界の地方創生 辺境のスタートアップたち

松永安光・徳田光弘 編著

四六判・224 頁・本体 2000 円＋税

世界の山村、農村、旧市街地で小規模ビジネスや自前の公共事業に踏み出す人達がいる。森林資源への拘り、まちぐるみの宿、風土に根差す美食ビジネス（ガストロノミー）、ラーニングツーリズム、ビジネスとしてのアート、小さな公共事業、街区や建物のリノベーション。寂れる地域を再生するための取り組みを各地からレポート。

学 芸 出 版 社 ｜ Gakugei Shuppansha

- 図書目録
- セミナー情報
- 電子書籍
- おすすめの 1 冊
- メルマガ申込
  （新刊 & イベント案内）
- Twitter
- Facebook

建築・まちづくり・
コミュニティデザインの
ポータルサイト

WEB GAKUGEI
www.gakugei-pub.jp/

のりしろ

その手段が実現したら、
自分の仕事でも

喜ぶ人が
いるとすると、
それは誰?

その手段が実現したら、
自分の仕事でも

共通して
達成できそうな
目標は何?

その手段が実現したら、
自分の仕事でも

簡素化
できそうな
業務は何?

のりしろ

のりしろ

その手段が実現したら、
自分の仕事でも

価値を
高められそうな
業務は何?

のりしろ

その手段が実現したら、
自分の仕事でも

素早く結果を
出せそうな
業務は何?

のりしろ

その手段が実現したら、
自分の仕事でも

予算を
削減できそうな
業務は何?

のりしろ

のりしろ